Indice

Prefacio 5
1. La tarea del maestro 7
2. ¿Qué es enseñar? 11
3. Métodos de enseñanza 21
4. Dominando la lección 29
5. La meta de la lección 39
6. El plan de la lección 45
7. Manteniendo despierta a la clase 61
8. Manteniendo despierto al maestro 73
9. Aclarando la lección 81
10. Usando la vista 91
11. Narración de historias 99
12. Impresiones y expresiones 113
13. Enseñando por medio de preguntas 117

Enseñando con EXITO en la Escuela Dominical

Myer Pearlman

Sra. Aida Rosado

Editorial Vida

ISBN 0-8297-0548-1

Categoría: Escuela Dominical

© 1958 EDITORIAL VIDA
Deerfield, Florida 33442-8134

Nueva edición, 1991

Reservados todos los derechos

Cubierta diseñada por Gustavo Camacho

5/91 3M BA

Prefacio

El propósito de este libro es exponer en un lenguaje sencillo los principios más importantes que rigen la enseñanza, especialmente la enseñanza en la Escuela Dominical.

Los términos técnicos se han evitado cuidadosamente para que el libro sea beneficioso principalmente a aquellos maestros de la Escuela Dominical que hayan tenido poca o ninguna preparación previa en el arte de enseñar.

El tema se ha tratado en sentido general para adaptarlo, lo más posible, al uso de los maestros de todos los departamentos de la Escuela Dominical.

Capítulo uno

La tarea del maestro

La persona que ha respondido al llamamiento de enseñar a una clase en la Escuela Dominical en verdad ha escogido una obra grande, porque su llamamiento lleva consigo el privilegio y la responsabilidad de cooperar con Dios para formar el carácter cristiano e impartir el conocimiento espiritual. En un sentido verdadero esa persona ha sido llamada al ministerio. Reconociendo la importancia y la dignidad de su llamamiento, debe proponerse, con la ayuda de Dios, lograr el mayor y mejor rendimiento en su obra, haciéndola una vocación verdadera.

Primeramente buscará lo que no se adquiere por mero estudio: los dones espirituales especialmente apropiados para el maestro (1 Corintios 12:7-10, 28). Entonces, recordando que Dios siempre obra en cooperación con nuestra inteligencia, el maestro empezará su propia preparación haciéndose las siguientes preguntas:

I. ¿Por qué enseño? ¿Cuál es mi propósito y qué fin persigo?

El maestro tiene que tener una percepción clara y bien definida del propósito que lleva al enseñar;

sólo así podrá tener éxito en su labor. Si no hay un propósito firme y una preparación previa, y se deja todo al azar, así también serán los resultados de su enseñanza. Después de considerar bien el asunto, el verdadero maestro espiritual llegará a la conclusión que su obra principal y el fin primordial de su esfuerzo serán el emplear las verdades de la Biblia para guiar a sus alumnos a un conocimiento experimental de Cristo, para que cada lección sea el instrumento de un carácter cristiano. En resumen, su objetivo principal será lo moral y espiritual.

II. ¿A quién enseñaré? ¿Qué clase de alumnos recibirán mi enseñanza?

El talento y las condiciones del maestro pronto le revelarán si le conviene enseñar a los adultos, a los jóvenes, a los adolescentes, a los intermedios, a los primarios o a los principiantes.

III. ¿Qué enseñaré? ¿Qué conocimiento de mi tema poseo?

El objeto principal de su enseñanza será, por supuesto, la Biblia; por eso debe hacer todo lo que pueda para dominar su historia, doctrinas, geografía y costumbres. *"Tú pues, que enseñas a otro, ¿no te enseñas a ti mismo?"* (Romanos 2:21).

El maestro no puede impartir lo que él no sabe, no puede explicar lo que él no comprende, ni puede hablar con autoridad si no tiene un conocimiento completo de la materia que ha de enseñar. La persona que tiene intención de entregarse a la dura tarea de enseñar, estudiará "sin cesar", leerá diligentemente acerca de todo lo que la Biblia enseña en todas sus fases, y debe hacer un estudio sistemático de la Palabra de Dios. Ciertamente este programa significa un trabajo duro, pero no se llega a la enseñanza eficaz y eficiente sin esfuerzo. El verdadero maestro tiene que ganar el pan de la enseñanza fructífera con el sudor de su frente. Sin embargo todo esfuerzo arduo es rico en recompensa.

IV. ¿Cómo enseñaré?

Contestar esta pregunta es de gran importancia. No importa cuánto conocimiento que el maestro posea, fallarán si no posee el arte de enseñar, es decir, si no sabe trasmitir esos conocimientos a sus alumnos. Y esta pregunta nos lleva al tema de este libro: El arte de enseñar las lecciones de la Escuela Dominical.

¿Puede uno, en verdad, aprender a enseñar? Podemos imaginarnos al lector diciendo: "Yo pensé que enseñar era un don que le viene a uno por naturaleza." Es verdad que ciertos individuos poseen capacidad especial para enseñar, y es también muy cierto que este arte puede ser adquirido.

Algunas personas parecen ser "genios"; pero en la mayoría de los casos ese genio es el resultado de dos por ciento de inspiración y noventa y ocho por ciento de sudor, como dijo Edison.

La enseñanza es un arte que puede ser adquirido porque es gobernada por leyes definidas. Estudie y domine estas leyes, aplíquelas con paciencia y descubrirá que está enseñando bien. El buen éxito depende en "saber cómo hacerlo".

Capítulo dos

¿Qué es enseñar?

Enseñar no es simplemente narrar hechos, porque el alumno no comprendería, y en ese caso sería difícil mantenerlo atento; no es la repetición de frases aprendidas de memoria y recitadas a estilo de cotorra. Enseñar se puede definir así: Es despertar la mente del alumno para captar y retener una verdad. Es más que el impartir a otros las verdades que poseemos; es moverlos a pensar por sí mismos, de tal modo que lleguen a los hechos. Para lograr el propósito expuesto en esta definición es necesario seguir cuatro principios que son el verdadero fundamento de la enseñanza, y que abarcan todas las reglas relativas a la enseñanza. Tendremos en este estudio la explicación de estas reglas de una manera sencilla y clara. En otras palabras, el que desea enseñar correctamente, con eficacia, no sólo debe fijarse en estos cuatro principios sino que ha de ponerlos en práctica.

I. El maestro tiene que hacer que el alumno piense por sí mismo.

Es necesario que el alumno use sus propias ideas y palabras y llegue a sus propias conclusiones; que aprenda el estudio por sí mismo y descubra por sí mismo las verdades que queremos enseñar.

¿Qué quiere decir la palabra "educar"? Literalmente quiere decir "sonsacar" por medio de preguntas o sugerencias lo que está en la mente del alumno, y las actividades de que él es capaz. En otras palabras, la educación no fabrica la máquina; sino la hace funcionar. El maestro más competente es el que capta la atención del alumno, despierta su inteligencia, engendra el interés y el deseo de aprender, y entonces, pone delante de él el material con el cual puede formar sus propias conclusiones.

Enseñar no es cargar la mente de conocimientos, como se llena de carbón un fogón, sino aprovechar las materias primas por medio de preguntas, sugerencias e ideas necesarias; en una palabra, se trata de hacer andar la maquinaria de la inteligencia para que dé el producto o resultado final: el pensamiento bien razonado.

"Aprender es enseñarse a sí mismo." Un maestro de experiencia escribe: "Debe permitirse que este instinto obre libremente en los alumnos." No descubra usted la verdad, más bien ocúltela un poco y guíelos por medio de preguntas hábiles lo bastante cerca para que ellos la descubran por sí mismos y tengan el placer de levantar el velo y descubrir por su propio esfuerzo la verdad que se trata de enseñar. No importa que ellos piensen que descubrieron la verdad aun sin su ayuda. Esto no le molestará porque lo importante es hacerles pensar y razonar; no en lo mucho que usted sabe, sino en lo maravillosa que es la verdad.

Su triunfo está en el momento en que uno de sus alumnos venga para hablarle del gran descubrimiento que él ha hecho, y al mismo tiempo usted comprende que es exactamente lo que quería que él aprendiera. La gloria suprema de enseñar es hacer que el alumno no crea que le está enseñando, más bien, que él a usted; que usted estimule la actividad intelectual de él, haciéndole descubrir las verdades por sí mismo.

Es muy posible que usted recuerde algún maestro de su juventud que se quedó parado humildemente mientras que usted se adelantaba en la nueva mansión de la verdad por medio de una puerta que él había abierto silenciosamente para usted.

II. El maestro tiene que explicar las nuevas verdades basadas en verdades que el alumno ya ha comprendido.

Enseñar es explicar lo nuevo basándose en lo antiguo, es decir, lo desconocido por lo conocido; lo difícil por lo sencillo; y lo oscuro por lo claro. Este es el único medio de llegar al conocimiento verdadero de las cosas y el mejor método para la comprensión de las mismas; porque cada idea nueva tiene que ser relacionada con el material que ya posee el alumno en su mente.

Por ejemplo, pregunto a mi clase: "¿Cuántos han oído de los *Chasidim*?" No recibo ninguna respuesta, solamente miradas vacías, porque mis alumnos no saben si los *Chasidim* son un partido político, una enfermedad o una nueva marca de cereal para el desayuno. Este pensamiento es algo muy nuevo para ellos, y no despierta ninguna imagen en su mente. Pero supongamos que explico entonces que *Chasidim* es el nombre de una secta judía, en Europa Central, que cree en la manifestación visible del Espíritu Santo y sostiene que la religión debe ser más vital y emotiva que la que se encuentra entre otros judíos. Por la profesión de este ideal más elevado pudiéramos describirla como un movimiento de santidad en la iglesia judía.

¿Comprenden los alumnos ahora quiénes son "los Chasidim"? ¿Y por qué? Porque usé ideas y términos que conocen. Ellos usaron de sus propias facultades mentales para explicar la palabra. La palabra extraña ya no es extraña; ha sido presentada por el maestro por medio de personajes conocidos de los alumnos. En este caso hemos pasado de lo conocido a lo desconocido.

Supongamos que deseamos dar a un niño de cinco años una idea de la forma de la tierra. ¿Comprendería el niño si dijéramos: "La tierra es esférica en su forma"? Ciertamente que no, porque esa sería una explicación muy abstracta para un niño y quedaría sin comprender nada. Por el contrario, si explicamos que la tierra en que vivimos es una cosa grandísima, redonda como una naranja, es casi seguro que él captaría rápidamente la idea, porque le enseñamos algo nuevo basándonos en una verdad ya conocida.

En resumen, el maestro eficiente realizará su tarea basándose siempre en verdades e imágenes que ya conocen sus alumnos y las asociará para ayudar a éstos a conocer verdades nuevas.

III. El maestro ha de tener en cuenta el desarrollo mental del que ha de recibir la lección.

Esto es importante, a fin de adaptar el tema a la capacidad del alumno, y a su categoría. Por ejemplo, al enseñar en una clase de principiantes, el instructor nunca hablará de "regeneración", "santificación", "predestinación", o "el rapto antes de la tribulación", porque estos son términos abstractos que los niños no podrán comprender. El impartirá las verdades sobreentendidas en las palabras teológicas en una forma que pueda ser asimilada por las mentes de los niños, y en una forma que atraiga su atención e interés.

Pablo, el apóstol, usó este principio. El tenía solamente un evangelio para judíos y gentiles; pero estudie sus sermones en el libro de Hechos y podrá notar que él servía comida divina de una manera a los judíos y en otra forma a los gentiles. Una vez él relacionó el evangelio con las doctrinas del Antiguo Testamento, y los judíos entendieron perfectamente; y en otra ocasión él relacionó el evangelio con el Libro de la Naturaleza y los gentiles comprendieron también.

El verdadero maestro conocerá y comprenderá las peculiaridades, los intereses y actividades que pertenecen a cada período del crecimiento y desarrollo de sus alumnos, y adaptará la enseñanza según el caso que se presente y de acuerdo con el desarrollo moral y espiritual del discípulo. El locutor de radio ajustará el micrófono según el tamaño del orador. Si el orado anterior medía 1,80 metros de altura y el orador siguiente mide solamente 1,60 metros, el locutor bajará el micrófono. Una gran parte de la habilidad del maestro consiste en saber adaptar las enseñanzas espirituales a la altura espiritual de sus oyentes.

IV. El maestro hará lo posible por relacionar la nueva lección con la anterior.

Para asociar ideas y conocimientos en la mente del alumno y procurar así un conocimiento uniforme y perfecto de la historia y doctrina de la Biblia, es de suma importancia relacionar una verdad con otra verdad, una doctrina con otra doctrina, un incidente con otro incidente.

La tarea del maestro no es sobrecargar de información; mas bien su tarea cada domingo será dirigir inteligentemente la construcción de un edificio simétrico de carácter cristiano cuyas bases descansen en las verdades doctrinales. Y para hacer esto, será necesario que él posea las "heliografías" para que pueda trabajar inteligentemente y eficazmente con los mejores resultados para el fin que se propone.

Hablando en sentido figurado, para lograr el buen éxito en la empresa tiene que ascender en el monte de la oración y del estudio, y recibir allí el modelo para la construcción del tabernáculo del carácter y conocimiento, para que como Moisés pueda oír la voz de Dios amonestándole: **"Mira, haz todas las cosas conforme al modelo que se te ha mostrado en el monte"** (Hebreos 8:5).

Permítanos ilustrar este principio suponiendo que la serie de lecciones para el trimestre abarca la vida de Cristo. El maestro está listo para comenzar su lección. En cierto punto de la introducción dirá: "En esta mañana vamos a estudiar el Sermón del Monte, el cual propone las leyes del reino. Miremos unos momentos hacia atrás y veamos cuánto hemos adelantado en la historia del Rey. En nuestra primera lección consideramos el descenso terrenal y la naturaleza celestial del Rey; en la siguiente lección supimos cómo el Rey fue recibido por las distintas clases sociales; luego, nos describieron al gran profeta que representaba al heraldo del Rey; y más tarde, en la lección del bautismo y tentación de Jesús fuimos testigos de la presencia pública y la preparación privada del Rey, antes de su activo ministerio. En la siguiente lección estudiamos acerca del primer uso de su autoridad como Rey cuando llamó a sus primeros seguidores, futuros ministros de su reino. En la lección de hoy escucharemos la proclamación de las leyes de su reino, y el próximo domingo consideraremos el poder del Rey destacándose en las señales y milagros del reino."

Note lo que el maestro ha hecho. En lugar de presentar el Sermón del Monte como una porción aislada de las Escrituras, él lo ha expuesto como una parte vital de la vida y ministerio de Cristo. En otras palabras, él usa las lecciones anteriores del trimestre, sobre la vida de Cristo, como un medio para edificar o formar un bosquejo, en la mente del alumno, en relación con la vida de Cristo.

Veamos otro ejemplo. La clase está estudiando el capítulo dos del Evangelio según San Mateo. El maestro dice: "Veamos cómo el gran Herodes, el rey malo, fue incitado por Satanás para matar a todos los niños de Belén, para poder destruir al Rey de Dios nuestro Redentor. Pero Dios echó a perder su plan. Ahora, recuerden por un momento la historia del Antiguo Testamento que nos relata cómo un niño, que iba a ser libertador de Israel, escapó del poder del gobernante malo quien había ordenado matar a todos los varones entre los israelitas."

Muchos de la clase recordarán la niñez de Moisés y notarán la semejanza de las experiencias del mediador del Pacto Antiguo y del Mediador del Nuevo Pacto. El maestro continúa: "En este mismo capítulo Mateo nos dice que el Mesías, cuando era niño, fue enviado a Egipto para ser protegido, antes de seguir a Palestina, donde El iba a servir a Dios y a su pueblo. ¿Hay algo aquí que les hace recordar de algún hecho semejante del Antiguo Testamento?"

Es muy fácil que algunos en la clase recuerden que cuando Israel era una nación joven Dios los mandó a Egipto para preservarlos, y luego los mandó a la Tierra Santa, para servirle a El allí. Compare Exodo 4:22 y Mateo 2:15.

Note otra vez lo que ha hecho el maestro; él ha relacionado la historia del Antiguo y del Nuevo Testamento de tal manera que ha hecho comprender al alumno que hay una verdadera correlación entre ellos; que son parte de un plan divino; y que muchos de los hechos del Antiguo Testamento son tipos proféticos de la vida, obra y ministerio de Cristo."

Permítanos aplicar este principio una vez más. La lección se basa sobre el pasaje cuando Cristo alimentó a la multitud. El maestro dice: "Cristo alimentó a la multitud en el desierto. ¿Qué hecho del Antiguo Testamento le recuerda esto?" Alguien dirá: "Moisés, alimentando a los israelitas con el maná, en el desierto." El maestro hace una observación: "Esto guiaría a muchos de los judíos a mirar a Cristo como el segundo Moisés, como el Dios Enviado, Libertador de Israel. ¿No es así?"

De este modo el maestro ha hecho una asociación de ideas, ha despertado conocimientos anteriores relacionándolos con la nueva lección. El continúa: "Dios, por medio de Moisés, alimentó a los israelitas con alimento sobrenatural en el desierto; Cristo también alimentó a los hambrientos en el desierto. ¿No es verdad entonces que aún necesitamos el pan que viene del cielo, porque el mundo en que vivimos es un desierto para la vida espiritual?" El prosigue: "¿Puede usted pensar en una ceremonia sagrada que nos recuerde que tenemos necesidad continua de esa alimentación espiritual para mantener nuestra vida espiritualmente en este mundo, y que solamente Jesús, el Pan de Vida, nos puede sostener?" Naturalmente, la respuesta será: "La Santa Cena."

Aquí el maestro ha hecho una asociación de hechos históricos doctrinales. El sigue: "Si se nos priva de alimento natural tendremos hambre, y si la privación continúa, o el alimento es escaso, estaremos mal alimentados y enfermos. De la misma manera, si descuidamos el alimento espiritual, si dejamos de orar y leer la Palabra, tendremos también hambre espiritual; estaremos mal alimentados y seremos débiles." Aquí el maestro ha aplicado la lección a su clase. Prosigue: "El mundo está lleno de personas que tienen hambre espiritual y que están cargadas de pecados, enfermedades y tristezas. Cristo puede alimentarlas y satisfacerlas. Sin embargo, nosotros tenemos una responsabilidad en esto, porque El nos dice, como dijo a sus discípulos: *Dadles vosotros de comer.*" En esta forma el maestro ha hecho una aplicación práctica para relacionar la lección con la responsabilidad misionera del cristiano.

En resumen: El maestro tiene que relacionar constantemente las partes de las Escrituras — comparando la historia con la doctrina, la profecía con su cumplimiento, libro con libro, el Antiguo Testamento con el Nuevo, tipo con antitipo — para que el alumno aprenda que la Biblia no es una colección de textos y de hechos aislados sino una unidad viva, cuyas partes están relacionadas vitalmente la una con la otra como los miembros del cuerpo humano. Y, luego vemos que él tiene que estar aplicando la lección a la vida individual o colectiva, para que el alumno no piense que esta enseñanza puede quedar aislada de los hechos de su vida diaria.

Capítulo tres

Métodos de enseñanza

Un afamado hombre de letras escribió una vez: "Antes que el orador se enfrenta con su auditorio, debe escribir a su amigo y decirle: 'Voy a pronunciar un discurso sobre un tema, y quiero tocar estos puntos.' Debe enumerar en correcto orden los puntos sobre los cuales quiere o piensa hablar. Si descubre que no tiene nada de qué tratar en su carta, sería mejor que escribiera al comité que le hizo la invitación y le dijera que la posibilidad de la muerte de su abuela le impedirá estar presente en esa ocasión."

Esta es una manera muy cómica de decir que no debemos atrevernos a hablar a un auditorio sin preparación suficiente por nuestra parte. Y ciertamente el consejo es aplicable a la enseñanza en la Escuela Dominical. Una lección bien preparada incluye, no solamente el conocimiento de lo que se ha de enseñar, sino también el "cómo" o la manera de enseñar. Suponiendo que el maestro estuviera convenientemente preparado o provisto de suficiente datos, él tendrá siempre que preguntarse: "¿Cómo he de inculcar estas verdades a la clase? ¿Hablaré yo solamente? ¿Les haré preguntas para que ellos realicen el trabajo?" En otras palabras: "¿Qué método debo usar?"

Hay muchas formas de enseñar una lección, así como hay muchas maneras de entregar mercancías a los clientes. Por ejemplo, uno puede entregar personalmente la mercancía; o puede llamar al cliente por teléfono y pedirle que venga a buscarla. El método preciso usado, dependerá del tema que se presenta, de la condición del alumno que se instruye, de la habilidad del maestro y de otras circunstancias. Clasificaremos convenientemente los métodos según las divisiones siguientes: (1) métodos que echan la carga del trabajo sobre el maestro; (2) métodos que ponen una gran parte de la carga sobre la clase; (3) métodos en que el maestro y la clase cooperan.

EL MAESTRO TRABAJANDO

El los dos métodos siguientes la carga del trabajo cae sobre el maestro.

I. El método de disertación.

En este método el maestro presenta la lección casi de la misma manera que el predicador pronuncia su sermón; él habla mientras que la clase escucha. Este método tiene sus ventajas e inconvenientes: da al maestro el tiempo necesario para enseñar la lección de una manera cabal, definida y sistemática a un grupo de personas muy ocupadas que no pueden, o no buscan el tiempo para preparar la lección. Este método sería bien empleado donde la clase fuera tan grande que las preguntas y discusiones impedirían la presentación completa de la lección.

Por supuesto, se entiende que uno que usa el método de disertación debe ser orador apto y potente, que pueda retener la atención y el interés de la clase; de otra manera algunos se distraerán y otros se dormirán. Este método es deficiente, pues no se estimula suficientemente al alumno para que entre en actividad. Es una clase pasiva donde el alumno sólo se limita a escuchar.

II. El método de narración.

Para los primarios la lección entera consiste en narrar la historia, porque es la forma en que las verdades espirituales pueden ser asimiladas mejor por las mentes de niños. En los departamentos de jóvenes y de adultos este método puede y debe ser usado cuando la lección se enfoca alrededor de hechos bíblicos, porque una historia bien narrada es un método seguro de despertar y retener la atención.

Todo maestro debe cultivar el arte de narrar historias; debe ser capaz de vivir mentalmente los tiempos bíblicos, ver las escenas, caminar con la gente, oír su conversación, comprender sus costumbres, y entonces describir vivamente lo que ve. De esta manera la historia bíblica llega a ser una realidad para sus oyentes. Y aun en aspectos doctrinales, cuando la lección no puede ser dada en forma narrativa, el maestro puede aclarar la lección con ilustraciones directas y con historias diestramente narradas. Si se da cuenta que ha guiado a su clase a un desierto seco por exposición insípida, él podrá salvarse y recobrar el interés buscando rápidamente un oasis en forma de una ilustración interesante conectada con la lección.

EL ALUMNO TRABAJANDO

Hemos notado que una de las tareas fundamentales del maestro es lograr que el alumno piense por sí mismo, que haga uso de sus propias facultades y que despierte la capacidad del alumno para que forme apreciaciones de lo que ve y oye. Por eso debe abstenerse de decirle al alumno lo que éste puede descubrir por sí mismo. Uno de los mejores métodos para llevar a cabo el principio de actividad propia es el que se puede definir como el método de recitaciones. Después de terminar la lección, el maestro debe dedicar un poco de tiempo para indicar la próxima lección. El asignará alguna tarea a cada alumno; a uno, contestar unas preguntas; a otro, el desarrollo de algún tema; y a otro, dibujar un mapa. Este procedimiento tienen un buen efecto psicológico sobre el alumno: le hace comprender que el maestro conoce su tarea y que se interesa en hacerla; además de eso, da a todos el gozo del éxito de su empresa.

"¿Pero cómo puedo lograr que el alumno estudie?" Esta es una pregunta que surge al considerar este método. Presentamos las siguientes sugerencias:

I. Enséñele cómo estudiar.

Es muy probable que él no sepa cómo proceder en el trabajo. Y una de las lecciones más útiles para una persona es saber cómo estudiar por sí mismo.

"No solamente es decirles cómo y dejarles así —aconseja el señor Suter en su libro *Creative Teaching* [Enseñanza Creativa]—. Enséñeles cómo. En el principio del año escolar probablemente valdría la pena tomar por lo menos la mitad del tiempo de las lecciones para ejercicios con este fin. Reúna a los alumnos a su alrededor y dígales: 'Voy a fingir que soy uno de ustedes, y que voy a estudiar y preparar la lección.' Entonces pase por el proceso de estudio, paso a paso, sin omitir nada. Use cada libro, folleto, papel o libreta, exactamente cómo haría el alumno. Cuando llegue al punto de leer los pasajes asignados, léalos en voz alta (en este punto tenemos la única diferencia entre lo que usted hace y lo que hace el alumno en su casa). Donde requiera escribir, haga el escrito. En otras palabras, dé una demostración perfecta y explique mientras proceda, las razones porqué se hace las distintas cosas y la mejor manera de hacer cada una de ellas."

Un destacado escritor y maestro de la Escuela Dominical de larga experiencia, Amos R. Wells, refiriéndose a una de las cosas que él haría si tuviera que hacer su obra otra vez, nos dice: "Pensaría menos en lo que daba y más en lo que ellos estaban recibiendo. Hice poco o casi nada al principio, para lograr que mis alumnos estudiaran en casa. No les di trabajo para hacer en ella. Toda mi enseñanza era por disertación, aunque generalmente usé preguntas y respuestas bajo un ligero disfraz. De esta manera el viento se llevaba toda mi enseñanza. Su estudio en casa, aunque probablemente hubiera sido muy inadecuado, sin embargo les hubiera despertado una atención sólida que me hubiera servido para darles algo que ellos hubieran podido retener."

II. Despierte el interés del alumno y déle un motivo para estudiar.

Si deseamos persuadir a una persona a hacer una tarea tenemos que hacerle sentir que vale la pena, que el dominar la lección realmente hará algo para él. El maestro, como vendedor tiene que crear deseos para su producto.

En lugar de asignar tareas de una manera general a la clase entera, asigne una tarea definida o individual a cada uno y hágale responsable de ella.

III. Pídale al alumno que dé la lección oralmente.

Haga lo más que pueda para que el alumno cumpla cada parte del trabajo asignado; de otra manera llegará a ser negligente y dirá: "¿Para qué estudiar si no me exigen dar la lección?"

"Pero, ¿no llegará a ser falta de interés si la lección consiste solamente en las recitaciones de los alumnos?" Esta es otra pregunta que surgirá en relación con este método. Pero conviene a la tarea del maestro hacer disertaciones entre las respuestas y así desarrollar la lección de una manera interesante. Si comparamos la asignación de la lección con las órdenes para la construcción de varias secciones de una casa, podemos comparar la obra del maestro con el conjunto de esa casa y la exhibición del producto acabado. Mientras que se da cada respuesta y se hace cada recitación, el maestro la completará, comentará sobre ella y, si es necesario, la corregirá y la relacionará con la lección que desarrolla.

EL MAESTRO Y EL ALUMNO TRABAJANDO JUNTOS

I. El método de preguntas, o interrogativo.

En este método el maestro estimula los pensamientos de los alumnos por el uso de preguntas hábiles que les hacen pensar. En el sentido verdadero él "educa" a la clase sacando de la mente de los alumnos los hechos principales de la lección. Este es uno de los métodos más interesantes porque retiene la atención de los oyentes y los mantiene activos. Y este método ayuda al maestro también, quitándole de sus hombros la carga de disertar; su posición llega a ser la de un capataz que dirige la construcción de un edificio.

Pero aunque este método está considerado como uno de los mejores por la pedagogía moderna, tiene sus peligros. Los alumnos pueden descuidarse en el estudio de la lección, y cuando no hay una preparación concienzuda de antemano las respuestas pueden llegar a ser superficiales y convertirse la clase en una charla insignificante. También hay peligro de emplear demasiado tiempo en discutir algunos detalles menores, o alguna cuestión que no pertenece a la lección y así alejarse del punto fundamental. Aquí entra en juego la habilidad del maestro quien debe cuidar de que las preguntas vayan bien dirigidas, encauzando el diálogo por medio de preguntas habilidosas e interesantes, para lo cual se ajustará a los requisitos de las mismas, evitando desviarse del tema de la lección.

II. El método de preguntas y recitaciones.

Este método es una combinación de los métodos de recitaciones e interrogativos. El maestro asigna sus tareas definidas, y entonces desarrolla la lección por medio de una discusión en la cual él pide de cada uno los resultados de su estudio. Con tal que la clase no sea demasiado extensa, y que los alumnos puedan ser estimulados a estudiar, éste es el método más eficaz. De otra manera, para clases de adultos, el método de preguntas es el más interesante.

Capítulo cuatro

Dominando la lección

Tenemos delante de nosotros la porción bíblica de la lección y el manual de enseñanza. ¿Cómo determinaremos el contenido de la lección? Consideraremos las siguientes sugerencias:

I. Empiece temprano y estudie diariamente.

Es un plan excelente dedicar una parte del tiempo — digamos, media hora cada día — para la preparación de la lección del próximo domingo; y tanto mejor si es posible observar la misma hora cada día. ¿Para qué empezar temprano? El comenzar temprano da tiempo para un estudio concienzudo y de meditación, para que la lección penetre en la mente y en el corazón, y llegue a ser, como si fuera, una parte de nosotros mismos. Así como un niño puede rodar una bola de nieve en la nieve hasta que se agrande, podemos desarrollar en nuestras mentes las verdades de la lección mientras que las volteamos por el proceso del estudio y de la meditación.

Esto es lo que pasa cuando empezamos a estudiar la lección temprano en la semana. Pasamos, diremos, media hora examinando la lección el lunes. El próximo día descubriremos que a pesar de que hemos estado inconscientes del hecho la mente estaba trabajando sobre la materia hasta que se ha aclarado y arreglado mejor. Además, durante el día, destellos de verdades vendrán a nosotros mientras hacemos nuestras tareas diarias, en forma de una ilustración, una referencia, algo que tal vez leamos en un libro, o un pensamiento luminoso. Y cuando nos sentamos para estudiar la lección el martes por la noche el texto de la lección no nos es ajeno.

Imagínese que esta noche mientras estudia encuentra unos problemas complejos y cuestiones sobre las que se esfuerza en vano, y las cuales deja a un lado, tal vez con desaliento. No debe desanimarse, porque probablemente el próximo día serán aclaradas estas verdades por medio de la meditación y las verá en nueva luz.

— Aparte de la ventaja que viene del estudio diario, nos ayuda la ley conocida como la ley de "función cerebral subconsciente", de la cual aprendemos que después de un estudio arduo y consciente de un asunto, la mente continuará trabajando sobre él mientras que la persona piensa en otros asuntos. La práctica bien conocida de "consultar con la almohada" sobre una decisión o problema es un ejemplo de esto. Pero sobre todo, recuerde que por medio de la oración es posible que sean estimuladas sobrenaturalmente las facultades mentales del maestro. *"El os guiará a toda verdad",* nos dice Cristo. Note que la palabra "guía" significa que debemos estar buscando la verdad, en otras palabras, estudiando.

— Lo que un maestro apto dijo de la preparación de un discurso se puede bien aplicar a la preparación de la lección: "Determine su tema una semana antes, para que tenga tiempo de pensar sobre él durante siete noches. Acuérdese de él como la última cosa antes de acostarse. Piense en él a la mañana siguientes mientras que se afeita, se baña, va al trabajo, espera el ascensor o merienda, o asiste a una cita. Dialogue sobre él con sus amigos. Hágalo su tema de conversación. Hágase a sí mismo todas las preguntas probables tocantes a él."

En resumen: Recordemos el proceso de "la bola de nieve" y procuremos empezar temprano en la semana.

II. Estudie concienzudamente.

"El maestro en la amoladora", es el título de uno de los capítulos en un libro de Marion Lawrence para los obreros de la Escuela Dominical. El libro describe bien la actitud necesaria para el que quiera con éxito ser maestro de la Escuela Dominical. El mismo escritor observa: "Se dice que cuatro kilos de acero harán un hacha pero cuatro kilos de acero no son un hacha. Requiere tres cosas: forma, filo y pulimento. La preparación hace esto para el maestro de la Escuela Dominical. El tiempo pasado en la amoladora facilita el trabajo. El maestro es el gozne en que la Escuela Dominical gira, y si el maestro está preparado, entonces el gozne está lubricado y el trabajo es facilitado."

Notemos algunas sugerencias para el estudio del maestro:

Estudie el texto de la lección para sí mismo antes de leer el manual. Actúe como si no tuviera un manual para ayudarle. ¿Se dice que cuando vinieron estudiantes ambiciosos a Agassiz, el gran naturalista, él les dio a cada uno un libro de texto sobre las ciencias naturales? ¡No! En lugar de esto les dio a cada uno un pescado y les dijo que averiguaran todo lo que podían de él. Empezaron el trabajo y en un día o dos estuvieron listos para dar su informe. Pero Agassiz no apareció. Para pasar el tiempo ellos empezaron a trabajar otra vez; observaron, disecaron, experimentaron, y al fin de dos semanas cuando por fin apareció Agassiz, ellos creyeron que su conocimiento era verdaderamente completo. Pero los comentarios breves del maestro fueron que habían hecho un principio, y otra vez les dejó. Ellos continuaron su investigación y después de semanas y meses de investigación declararon que el pescado era el más fascinante de los estudios.

Actualmente, aunque a la mayoría de nosotros nos falta el tiempo para dedicar al trabajo e investigación de cada lección, debemos deducir la siguiente lección del método de este científico: los mejores pensamientos — los pensamientos que impresionan con la mayor fuerza — son los que han sido forjados en el fuego de nuestra propia meditación y que han sido machacados en el yunque de nuestra propia experiencia. Es después que hemos trabajado duramente con la lección que el manual llega a ser valioso para nosotros, porque así llegamos a él preparados. ¿Para qué sirve entonces el manual? Nos ayudará a arreglar sistemáticamente la materia que hemos sacado de nuestro propio estudio del texto; explicará detalles que tal vez nos parezcan oscuros; nos proveerá de pensamientos nuevos e ilustraciones.

Recoja más material que el que seguramente le hará falta para su lección. La primera guerra mundial fue liberada no solamente por los soldados en las líneas en el frente, sino también por los que estaban detrás de las líneas. Es un hecho que por cada hombre en las trincheras de las líneas en el frente hay por lo menos diez hombres que le sostienen, como reservas, suministradores, médicos, ingenieros etc. De la misma manera, el material para una lección de cuarenta minutos debe ser suficiente y mayor que el que ha de necesitar el maestro para el desarrollo de su tema, porque "el capital superávit", o la reserva de conocimientos, da fuerza a cada palabra que él diga y también imparte confianza a la clase.

Lo que escribió el doctor Dale Carnegie sobre la preparación de un discurso es aplicable también a la preparación de la lección para la Escuela Dominical: "Recoja más material, más información que lo que tenga necesidad de usar. Búsquelo para inspirar confianza a su clase y para despertar el amor al estudio, pues sólo quien conoce a fondo la materia puede inspirar este amor y confianza. Adquiéralo y sabrá el efecto que tendrá sobre su mente, su corazón y toda su oratoria."

"He preparado a cientos de vendedores, solicitadores de pedidos y demostradores — dice Arturo Dunn —, y la debilidad principal que yo descubrí en la mayoría de ellos fue que no se daban cuenta de la importancia del conocimiento a fondo en cuanto a su producto, y de adquirir este conocimiento antes de empezar a vender." Hablando figuradamente, los maestros de la Escuela Dominical son vendedores de los productos espirituales del reino de Dios; por lo tanto deben dominar "el catálogo" del reino — la Biblia — en la cual se registran las mercancías celestiales y los méritos de la vida espiritual.

Estudie el fondo de la lección. Si, por ejemplo, la lección se encuentra en la Epístola a los Gálatas, estudie la epístola entera; si va a empezar una serie sobre uno de los Evangelios, sería un plan excelente leer primeramente el Evangelio entero; si la lección trata de uno de los hechos de la vida de Josías, se deben estudiar todos los capítulos en los libros de Reyes y de Crónicas que tratan de su reino y tambíen las profecías en Jeremías y Sofonías que fueron expresadas durante ese período. ¿Para qué toda esta molestia? Porque, mientras mejor conozcamos el todo, tanto más comprensible será para nosotros una parte.

Para ilustrar: una persona que quiera llegar a ser especialista del corazón ingresa en una escuela de medicina. ¿Comienza primeramente el estudio del corazón? No, se le da una serie de lecciones sobre el estudio del cuerpo humano; y sobre todas sus partes y órganos. Lógicamente así es, porque el corazón está conectado tan íntimamente con el resto del cuerpo que sus funciones y desórdenes no se pueden comprender cabalmente sin el conocimiento de los demás órganos. El estudiante de medicina tiene que "generalizar" antes que pueda "especializar". Para aplicar este principio: Mientras más conocimiento tenga el maestro de la Biblia entera tanto más capacitado estará para exponer una de sus partes.

En este punto surge probablemente la pregunta: ¿Cómo adquiriré este conocimiento a fondo? Y esto nos lleva a tratar de la preparación del maestro. El maestro eficiente de la Escuela Dominical debe tratar de adquirir los siguientes conocimientos bíblicos: conocimiento de la historia bíblica desde Génesis hasta Apocalipsis; conocimiento del propósito y contenido de cada libro de la Biblia para que sepa dónde encontrar su materia; conocimiento de la vida de Cristo y de la vida de Pablo; conocimiento de las doctrinas de la Biblia; conocimiento de la geografía bíblica y de las costumbres bíblicas.

¿Cómo se obtendrá tal conocimiento? (1) El método mejor es asistir a una clase de preparación para maestros, si ésta puede ser organizada y dirigida por la iglesia local. (2) Uno puede tomar un curso por correspondencia. (3) El maestro puede conseguir libros excelentes sobre los temas necesarios y tomar un curso de lectura.

III. Escriba completamente los resultados de su estudio.

Este método es para ayudar a su memoria; también así se aclarará el asunto en su mente. Vamos a ampliar más este tema en un capítulo posterior.

IV. Prepare su lección con un espíritu de oración.

El objeto principal del maestro de la Escuela Dominical no es intelectual, sino espiritual: el desarrollo del carácter cristiano en sus alumnos. Por eso para impartir conocimiento espiritual con éxito, sin el poder espiritual que resulta de oración, sería semejante a tratar de tocar un órgano de tubos con la electricidad apagada. La necesidad de la oración ha sido declarada por el señor Suter. Aunque lo que él dice lo aplica a una clase de varones, el principio es aplicable a todas las clases.

"Durante el curso se le permite a usted hacer treinta y cinco impresiones en las mentes de estos muchachos.(En nuestras escuelas dominicales donde las clases se reúnen todos los domingos del año el número de las impresiones sería cincuenta y dos.) Como guerrero del Señor, la Espada del Espíritu, la cual es la Palabra de Dios, está puesta en sus manos y la Iglesia le pide que ejecute treinta y cinco golpes para el reino de Dios. Cada vez que se reúne con su clase es una crisis. Es una experiencia tan rara para los muchachos, por ser casi la única en su género. Todo depende de cómo se comporta y dirige su clase. Si lo hace noblemente, pondrá en las almas de los muchachos el ímpetu de treinta y cinco impulsos hacia la lealtad a Cristo. Pondrá sus almas en contacto con el poder que les salvará de la calamidad en el día de prueba.

"Por el contrario, si dirige su clase malamente por falta de preparación, si titubea sin tino durante los cuarenta minutos, si su obra carece de propósito e inteligencia, si se pone nervioso o está distraído o aun solamente perezoso e incierto, no solamente perderá su oportunidad, sino peor aún, podrá hacer un daño irreparable. Quiero expresar que debido a su descuido y al poco valor de su contextura moral, les dirá por medio de sus hechos, que hablan más alto que las palabras, que la sociedad conocida como religión cristiana es de tan poco mérito que no se gana entusiasmo ni motiva los mejores esfuerzos del adulto que le enseña. He aquí que el maestro debe ser ejemplo vivo, porque más se enseña por lo que somos que por lo que sabemos.

"No puede 'apagar' o dejar de ejercer su influencia en un domingo señalado porque no se sienta suficientemente preparado para su tarea, porque cada vez que las personas se reúnen, las fuerzas de la influencia se ejercen aun cuando no se hable de palabras. Tendrá que influir sobre ellos el próximo domingo, quiera o no. La cuestión está en que su influencia sea dirigida hacia Cristo. Por eso tendrá que estar seguro de estar preparado. No puede hacer este trabajo sin la ayuda de Dios."

V. Prepárese a sí mismo.

Lo que se ha dicho sobre la oración nos hace pensar en lo que es la enseñanza en la Escuela Dominical. El maestro es más importante que la lección misma, el obrero más importante que la obra. Emerson ha dicho: "Déjeme escoger al maestro y no importa quién escoja el curso de estudio." Es la vida del maestro la que da fuerza a su enseñanza; lo que es él, influye con más fuerza sobre la clase que lo que él dice. "Use el lenguaje que quiera — dice el mismo escritor —, nunca dice nada más que lo que usted mismo es."

El maestro debe preguntarse a sí mismo: ¿Soy yo ejemplo de la verdad que trato de inculcar a mis alumnos? Procuro enseñarles a ser pacientes, ¿soy yo paciente? Hago el esfuerzo de enseñarles a orar, ¿oro yo? Y fue sobre este principio que un hombre que había sido invitado a hablar a un grupo de maestros sobre el tema de "Conducta", habló de la conducta de los maestros y oficiales, en lugar de la de los alumnos. Lo que es el arco a la flecha, es el maestro a la lección.

Capítulo cinco

La meta de la lección

pertinente

Después que el maestro haya obtenido una comprensión clara y definida de la materia de la lección, su próxima tarea será escoger el objetivo particular para la lección. Esto quiere decir que ha de preguntarse a sí mismo: "¿Qué resultado espiritual quiero que logre esta lección en la vida de los alumnos?"

Si pudiéramos comparar el proceso de escoger el tema de la lección con un viaje, diríamos que el recoger y preparar el equipaje representa el dominar la materia de la lección; el escoger la ruta y modo de transporte correspondería al escoger el método de enseñanza; y el determinar el destino y manera de pasar el tiempo después de llegar representaría el objetivo o propósito de la lección. Una lección de la Escuela Dominical es un viaje con un propósito definido, y tiene que ser planeado cuidadosamente. El maestro que no empieza en alguna parte generalmente no llega a ningún lado.

Puede ser muy posible para el maestro no llegar a ningún lado con la lección. Muchos de nosotros estamos familiarizados con el tipo de enseñanza ejemplificado por la ilustración dada por Clarence H. Benson:

> **El maestro:** Juan López, lea el próximo versículo.
> **Juan López lee:** Y después de todos murió también la mujer. En la resurrección pues, ¿de cuál de los siete será aquella mujer?
> **El maestro:** ¿Hay algún alumno que me pueda decir lo que significa esto?
> **Guillermo Moreno:** Ser bueno.
> **El maestro:** Así es, lea el próximo versículo Guillermo.

El señor Benson pregunta: "¿Cuánto tiempo duraría una escuela pública si fuera dirigida de esta manera?"

El método mencionado arriba no representa una enseñanza verdadera; más bien va tocando ligeramente tantas lecciones como versículos hay en el texto de la lección. Y el resultado es que el alumno sale con algunos recuerdos de una docena o más de hechos sin relación ninguna, en lugar de llevar encajada en su alma y en su mente — como una piedrecita en el cemento — una lección provechosa e incitante.

Alguien se preguntará: "¿Es la lección todo lo que debemos dar al alumno durante los cuarenta minutos del período de la clase?" El hecho es que todo lo que uno puede impartir, de modo eficaz, es una lección.

Cierto profesor sostiene que uno puede tocar solamente un punto en un discurso de una hora. Por ejemplo, ¿qué acontecería si un individuo tratara de ver a toda Nueva York en un día? Vería tanto que no vería la ciudad; lo contrario de lo que parece. Para él sería mucho mejor concentrarse en un objeto, y hacer planes de pasar el día visitando, diremos, las iglesias prominentes o universidades famosas.

Un experto de la Escuela Dominical ha dicho:"Es mejor enseñar una verdad en dos formas distintas, o desde doce puntos de vista, que tratar de enseñar una docena de verdades en una lección."

Es imposible enseñar doce verdades en una lección. El carpintero al hacer una juntura meterá pocos clavos. Los atravesará y los doblará. El sabe bien que muchos clavos partirán la tabla y echará a perder la juntura. Por supuesto esto no quiere decir que se debe consumir los cuarenta minutos en considerar una lección invariablemente eliminando detalles interesantes e incidentales. Quiero decir que el objeto principal de la lección será como el sol, alrededor del cual se mueven como los planetas todos los pensamientos subalternos.

Cuando los españoles combatieron con los nativos de Centro y Sud América, los soldados recibieron instrucciones de capturar o matar al cacique o jefe; ellos sabían que capturar al jefe era capturar la tribu entera. De la misma manera la tarea del maestro y de la clase es "capturar" la meta de la lección; esto debe ser el objetivo del maestro. Naturalmente esto nos lleva a la siguiente pregunta:

¿COMO DETERMINAR LA META DE LA LECCION?

I. Estudiando minuciosamente el texto de la lección.

Por ejemplo, si la lección se encuentra en Juan 15, el maestro probablemente decidirá: "Tengo que grabar en los corazones y mentes de mis alumnos la necesidad imperativa de estar en contacto perfecto con Cristo por medio de la oración y de la lectura de la Palabra."

Si la lección se encuentra en Mateo 6:5-15, tal vez el maestro se dirá a sí mismo: "Mi tarea principal durante estos cuarenta minutos será inspirar a mis alumnos un deseo intenso de tomar sus Biblias y buscar un lugar donde pueden estar a solas con Dios."

Pero, supongamos que la lección no es práctica, sino de carácter descriptivo, y se destina para servir como una introducción a la serie para el trimestre; por ejemplo: una lección describiendo la niñez y educación del apóstol Pablo. El maestro tal vez se dirá a sí mismo: "Esta es la primera lección de la serie sobre la vida de Pablo. Tengo que cuidar de dar a los alumnos una idea clara y vívida de la vida del hogar y la educación de un muchacho judío en aquellos días, y entonces mostrarles que Dios preparaba a Pablo para su obra del futuro."

Así vemos que el propósito principal del texto de la lección es el de proveer la manera de dirigir una verdad prominente a los corazones y mentes de los alumnos. "La lección es un vehículo para llevar el mensaje — escribe Marion Lawrence —. La lección es la botella; el mensaje es el aceite. La lección es el vapor; el mensaje es la carga. El alumno dejará atrás la lección pero llevará consigo el mensaje. Solamente es el mensaje lo que se puede cambiar en vida. Cuántas veces oímos a hombres y mujeres en la iglesia decir que no se acuerdan ni de un solo hecho enseñado por sus maestros en la Escuela Dominical; pero sin embargo recuerdan el efecto de la enseñanza en sus vidas."

II. Se determinará el objetivo de la lección por las necesidades de los alumnos.

Es la tarea del maestro conocer a los miembros de su clase: sus debilidades sociales y tentaciones; lo que los entusiasma; sus intereses; y el trasfondo de su hogar y su escuela. Poniendo este conocimiento práctico y la materia de la lección al margen, el maestro será capaz de señalar el objetivo de la lección para el próximo domingo.

El señor Philip Howard, en su libro sobre el maletín de herramientas del maestro, hace unas sugerencias valiosas sobre este particular: "Hay varias maneras por las cuales usted puede estudiar a los miembros de su clase para averiguar sus intereses, sus características, y la ruta directa al alma y a la mente de cada uno. Entérese de la clase de hogar que tienen, note el tipo del padre y de la madre, los retratos en las paredes, las revistas en la mesa, los libros que la familia lee, el orden o desorden de la casa. Hable con cada miembro de su clase, individualmente, sobre los libros que le gustan más, los juegos, el trabajo, los planes del alumno para el año escolar, su hogar, su negocio y los planes para la obra de su vida. Entérese quiénes son los amigos íntimos del alumno. Retenga en su memoria, o apunte con lápiz alguna inclinación moral que se manifiesta en su conversación en la clase o fuera de ella. Tal vez oiga a uno de su clase decir que la mentira a veces es 'lo único que queda por dejar'. Puede ser que no sea posible dialogar en ese momento, pero ya tiene usted un reflejo de su carácter y sabe con quién tiene que tratar. Estudie los rostros.

Note signos triviales de mal humor, de sospecha, de pensamientos frívolos y bajos y note con igual cuidado el ojo, el buen color, y la mirada abierta y franca."

Capítulo seis

El plan de la lección

Un escritor relata las siguientes impresiones recibidas durante un discurso que él oyó una vez: "El conocía su tema a fondo, y también mucho más de lo que él pudiera usar; pero no había preparado su discurso. No había escogido la materia. No la tenía arreglada de un modo ordenado. Sin embargo, con el coraje de la inexperiencia, profundizó descuidada y ciegamente en su discurso. No sabía adónde iba, pero estaba en el camino. Pronto, su mente fue un enredo y así fue también el banquete mental que nos dio. Nos sirvió el helado primeramente, y luego puso la sopa delante de nosotros. El pescado y las nueces siguieron más tarde. Y sobre de todo esto, había algo que parecía como una mezcla de sopa, helado y un buen arenque rojo."

Ciertamente ningún maestro fervoroso quisiese que se dijera esto de una de sus lecciones. Por lo tanto, después de familiarizarse con la materia de la lección y de determinar su objeto, preparará su materia de una manera lógica y ordenada para que pueda producir efectivamente el resultado planeado por él. Este es el tema del presente capítulo.

Vamos a observar a un maestro en su trabajo y escuchar mientras él prepara su lección para el próximo domingo, la cual, suponemos, se basa sobre Mateo 6:5-15. El dobla dos hojas de papel en forma de folleto para que se metan fácilmente en su manual. Habiendo vaciado ya sus propios pensamientos y leído con atención, se prepara para escribir con claridad. Por supuesto, no va a depender enteramente de sus datos mientras que enseña; él les dará meramente una ojeada de vez en cuando como referencia. El propósito principal de hacer un bosquejo es para fijar la lección en su mente de un modo lógico y ordenado. Es conveniente escribir nítidamente, porque vale la pena guardar un bosquejo cuidadosamente preparado, especialmente si el maestro es también predicador.

La manera más sencilla y práctica de arreglar el bosquejo de una lección es seguir los tres pasos siguientes:

I. Introducción (el principio).
II. Presentación (el progreso o desarrollo).
III. Conclusión (el fin o recapitulación).

El maestro escribe en su papel con mayúsculas el título: EL CRISTIANO EN ORACION, y debajo, las citas bíblicas de la lección. La fecha y nombre de la serie de la lección pudiera ser añadido como referencia. Entonces escribirá con mayúsculas:

I. INTRODUCCION

Un maestro que ha tenido éxito ha dicho con razón: "El principio y el fin: Estas son las cosas más difíciles de hacer hábilmente en casi todas las actividades. Por ejemplo, en una función so-

El plan de la lección

cial, ¿no son los momentos más embarazosos los de una entrada y despedida airosa? En una entrevista de negocios, ¿no es lo más difícil la manera de presentarse y la retirada satisfactoria? Lo mismo sucede en la enseñanza de la lección de la Escuela Dominical.

El propósito de la introducción y la presentación es para hacer una brecha en la mente y corazón de los oyentes; el propósito de la conclusión es para remachar la lección después que la han recibido. ¿Y cómo logra la introducción su propósito? Captando la atención e interés de los alumnos.

"Gran parte de la lección depende de empezar propiamente — escribe Lawrence —. El maestro no debe descargar su materia sobre la clase, como se echan manzanas en una cesta. El comienzo debe ser como un anzuelo, para que agarre al instante que toque; pero debe ser también como un arpón, que lo sostenga después que llegue." Estos son los minutos más críticos para el maestro, pues ha de lograr en ellos despertar el interés y fijar la atención.

En esta sección del bosquejo el maestro tendrá tres títulos subrayados:

A. Haga pensar al alumno
B. Despierte su interés
C. Declare el tema de la lección

Vamos a ampliar cada uno de estos puntos.

A. Haga pensar al alumno.

(Refiérase a los puntos uno y dos en el capítulo dos.) En esta parte de la lección el maestro empezará con las ideas del alumno mismo, porque enseñar es explicar verdades nuevas con la ayuda de verdades ya comprendidas por el alumno. El doctor Weigle, en su gran libro sobre el alumno y el maestro, escribe: "No debe introducirse material nuevo en esta parte. Puede refrescarle la memoria evocando con claridad en la mente ideas ya adquiridas y que tienen relación con las nuevas, o llamar su atención hacia cosas que él ha leído, o hacerle recordar experiencias definidas que él haya tenido. En cualquier asunto que se elija ha de preguntarse: ¿Esta idea le ayudará a comprender la lección como él debe entenderla?"

Escuchemos los pensamientos del maestro: "¿Qué es lo que ellos conocen ya sobre el tema que yo pueda añadirle material nuevo despertándoles el deseo de ir más allá, de saber y conocer más? Casi todos estaban presentes el domingo pasado y oyeron al misionero describir las ruedas de oración del Tibet, por el uso de las cuales el tibetano ora mientras hace girar la rueda. Yo les preguntaré qué piensan ellos de esa clase de oración. Entonces yo les demostraré cuán importante es conocer la verdadera forma de orar como enseña nuestra lección.

"En caso de que los alumnos sean desatentos, o despreocupados, y que yo tuviera dificultad en retener su atención, podría usar la siguiente historia: 'Durante uno de sus cultos evangelísticos, D. L. Moody, el evangelista famoso, pidió a un hermano que orara. El empezó, pero parecía que él no sabía cómo ni cuándo terminar. Cinco, diez, quince minutos pasaron, y las personas empezaron a inquietarse. Finalmente, Moody se levantó con el himnario en la mano y anució: "Cantaremos ahora un himno mientras que el hermano termina su oración." Fue una gran cosa que el evangelista se determinara a dar este paso, porque en la congregación había un joven inteligente que se estaba cansando de la oración tan larga y casi iba ya a retirarse. Pero, como él dijo luego, le impresionó el sentido común de Moody, y por eso se quedó, y vino al llamamiento al altar. Luego llegó a ser misionero conocido por el mundo.'

"Yo estoy seguro — continúa el maestro —, que ellos comprenderán al punto la historia y apreciarán el valor de conocer la verdadera manera de orar. No obstante usaré esto solamente en un caso de emergencia, porque es posible que se ocupen más con la parte humorística de la historia que con la moral de la lección."

B. Despierte el interés del alumno.

Hasta este momento hemos hecho un contacto con el alumno. Y como ya hemos presentado el tema, nuestra próxima tarea será mantener al alumno tan interesado en el tema que su atención sea permanente. ¿Cómo se puede hacer esto? El conocimiento de una verdad importante tocante a la naturaleza humana resultará útil en este caso. Cada descendiente de Adán en el fondo es egoísta. No es que todos se rindan a ese egoísmo, sino que el instinto está presente. ¿En quién se interesan más la mayoría de las personas? ¡En sí mismos, por supuesto!

Por ejemplo, si supiera que el periódico de la tarde contenía un párrafo que hablara de usted, ¿qué parte del periódico leería primeramente? La respuesta es evidente. Un alumno, conocedor de la naturaleza humana, ha dicho que a la mayoría de las personas les gustaría más que usted hablara algo bueno de ellos, y no que disertara sobre los diez hombres más famosos de la historia.

Esto no se ha mencionado para burlarnos del hecho de que todos estamos más o menos interesados en nosotros mismos, sino para mostrarnos cómo este conocimiento puede servir para un buen propósito o fin. Aun el Señor Jesús apeló al interés propio para enseñar el desinterés cuando dijo: *"Amarás a tu prójimo como a ti mismo."* También en el lema de oro: *"Así que, todas las cosas que queráis que los hombres hagan con vosotros, así también haced vosotros con ellos."*

¿Cómo podemos usar este principio para interesar al alumno en la lección? Mostrándole el valor de la lección, y lo que significaría para él mismo este conocimiento.

Escuchamos aun la meditación del maestro: "Si quiero retener su atención sobre este tema por veinticinco o treinta minutos, simplemente tengo que crear en ellos un deseo ardiente de conocer la lección. Si logro interesarlos y animarlos sobre la lección, estarían listos para recibir la verdad. Naturalmente, estarán interesados en adquirir poder. Entonces, les explicaré que la oración es la fuerza más grande en el universo: que ella mueve la mano que rige al mundo. Puedo hacer una ilustración mostrando algo que la oración actualmente ha logrado. Tengo que hacerles comprender claramente lo que la oración significará para sus propias vidas."

C. Declare su tema con claridad.

El maestro ha presentado el tema a sus alumnos y ha logrado despertar el interés en ellos; ahora anuncia el título de la lección que ha de ser aprendida.

"El tema debe ser breve y atractivo — escribe el doctor Weigle —. Merita recordarse y debe servir como guía para un repaso en lecciones siguientes. Siempre que sea posible, debe anunciarse el nombre propio y el asunto de la lección o descripción: La resignación de Abraham en sacrificar a Isaac; la bondad de José con sus hermanos; la batalla de Josué contra los cinco reyes; y otros." *temas*

En la lección que estamos usando como modelo, pudiéramos titular el tema así: "Cristo nos muestra la mala y la verdadera forma de orar" o "Jesús nos enseña a orar."

La meta de la lección ya ha sido determinada por el maestro (vea el capítulo anterior); esto no lo declara él a la clase. El les dice lo que van a estudiar, pero retiene para sí la meta que se propone lograr.

Antes de dejar esta sección del bosquejo son necesarias dos sugerencias: (1) Tal vez le parezca mucho el tiempo que ha sido consumido en describir la introducción de la lección; sin embargo, ésta debe ocupar solamente una pequeña fracción del período de la lección. Planeando cuidadosamente la lección el maestro será capaz de abarcar mucho, ser breve y llegar al punto principal. (2) En esta parte de la lección debe aprovecharse la actividad del alumno encauzándola para el fin que se propone. Ellos deben ser "sonsacados" o interrogados con preguntas hábiles para que expresen todos sus pensamientos y conocimientos.

Habiendo preparado la introducción, el maestro preparará la parte principal de la lección conocida como:

II. PRESENTACION

En esta sección el maestro:

  A. Resume la lección
  B. Desarrolla la lección
  C. Ilustra la lección

A. Haga un resumen de la lección.

Un guía que quiere conducir a un grupo de turistas por la parte más bella del campo los lleva primeramente a lo alto de un monte, para que puedan contemplar el terreno a vista de pájaro, y observar con una ojeada la belleza del territorio que han de atravesar lentamente. De una manera semejante el maestro presenta los puntos importantes de la lección, para que el alumno vea todo con claridad.

Tal vez algunos se han quedado perplejos sobre lo que se debe hacer con esa cosa misteriosa que se conoce con el nombre de "bosquejo". Bueno, tiene un propósito: ayuda al maestro a presentar los hechos esenciales de la lección de una manera ordenada.

Por lo tanto, el maestro prepara el bosquejo siguiente, el cual suponemos, es el que se ha dado en el manual, o en alguna otra guía del maestro:

I. **Maneras erradas** (Mateo 6:5, 7)
   A. El error de los judíos: "Alardearse"
   B. El error de los gentiles: Repeticiones insensibles

II. **Maneras correctas** (Mateo 6:6, 8)
   A. Realidad: Orar para ser visto y oído de Dios
   B. Inteligencia: Tener comunión con un Ser Inteligente

III. **Un modelo: El Padrenuestro** (Mateo 6:9-15)
   A. Invocación
   B. Dios
      Su nombre
      Su reino
      Su voluntad
   C. El hombre
      Necesidades materiales
      Perdón
      Liberación
   D. Doxología

Creemos que el maestro no debe leer su bosquejo de una manera rígida, y al pie de la letra. El esqueleto debe ser vestido con la carne de la conversación. Por ejemplo: "Consideremos primeramente algunas formas incorrectas de orar, mencionadas por Cristo; especialmente, orando con el propósito errado de hacer alarde delante de personas u orando de una manera insensible semejante a la cotorra.

"Encontraremos que hay dos remedios para estos errores: Primeramente, oración secreta en la presencia de Dios; segundo la certeza que al dirigirnos a Dios estamos hablando a una Persona inteligente. Siguiendo esto, estudiaremos el modelo de la oración inteligente, comúnmente conocida como el Padrenuestro, en la cual se indica la manera recta de acercarse a Dios en oración."

B. Desarrolle la lección.

Hemos llegado a la parte principal de la lección en la cual el maestro, como un artesano hábil, empieza a trabajar sobre los hechos ajustándolos en su propia relación, aclarando cuestiones difíciles, y en general, organizando el material para que produzca el resultado apetecido.

¿Cómo realizará el maestro esta tarea un poco complicada? Esto dependerá del método que él use. Si el maestro dirige una clase de primarios, la base de la lección es una narración. Tendrá que dominarla concienzudamente. Si se usa el método de disertación será bueno hacer un bosquejo detallado. Como ilustración, supongamos que el maestro tiene una clase de adolescentes o adultos; es probable que él use el método de preguntas o de alegatos. Si es así, el mejor bosquejo será en forma de interrogaciones preparadas y que provoquen nuevas preguntas por parte del educando. Cada una de estas preguntas constituirá el foco principal para la discusión de algún tema importante. ¿Ha tirado alguna vez una piedra en el río y observado cómo se producían círculos que se ensanchaban más y más? Esto ilustra el efecto de estas preguntas de desenvolvimiento, que estimulan a la clase a desarrollar un tema. Preguntas adicionales se pueden lanzar para sacar de ellas respuestas más categóricas.

Para ilustrar: el maestro empieza a preperar su lista de preguntas (las cuales indicaremos en negritas).

(1) ¿Qué es un hipócrita? (Note el versículo 5.) Esto nos dará el principio para la lección sobre la hipocresía. También esto activará la mente de los alumnos y les hará recordar cualquier información o datos que posean ellos tocante al tema; porque el maestro hábil primeramente utilizará las ideas propias de sus alumnos. Después que la clase haya tenido un momento para pensar en la pregunta y algunas respuestas han sido dadas, el maestro podrá "sonsacar" de la clase (recuérdese de la definición de la palabra "educar") con preguntas como las siguientes: *¿Aplicaría usted el término "hipócrita" a un seguidor de Cristo, que por debilidad cayera en pecado? ¿Lo aplicaría a un miembro de una iglesia que nunca ha sido verdaderamente convertido? ¿Le llamaría así a uno que una vez estuvo convertido verdaderamente pero que ahora está viviendo en pecado? Mire el versículo 5, y dé la descripción que da Jesús de lo que es un hipócrita.*

Ya está lista la clase para otra pregunta.

(2) ¿Cree usted que el Señor estaba prohibiendo la oración pública? (Vea el versículo 6.) Esta pre-

El plan de la lección 55

gunta es el principio del nuevo tema; ha recibido las ideas y ahora pueden ser expuestas y desarrolladas por preguntas como las siguientes: *¿Puede darme una prueba definitiva donde Jesús creyera en la oración pública?* (Como veremos luego, respuestas como "sí" y "no" no son suficientes, pues no dan evidencias de que los alumnos están pensando.) *Si por ser "visto de hombres", el Señor no estaba prohibiendo la oración pública, entonces ¿qué estaba prohibiendo?*

Esto bastará para ilustrar la naturaleza y el uso del bosquejo interrogatorio. Al dejar este tema, sin embargo, déjenos sugerir los siguientes "no me olvides":

1. Recuerde el límite del tiempo. Escoja aquellas preguntas que tocan los puntos básicos de la lección.
2. Recuerde su meta. Haga que la respuesta contribuya al logro de su propósito. Si comparamos las actividades de la lección con una rueda, el eje representa el objeto principal, los rayos corresponden a los distintos puntos de la lección, y el borde, a las vidas de los alumnos.

C. Ilustre la lección.

Como medio de repaso volvamos a la ilustración de la edificación de una casa:

1. El dominar la materia y el escoger el objeto corresponden, digamos, al hacer las heliografías y descripción detallada del plan, o a la decisión tocante a la materia que ha de usarse y el plan a seguir.
2. La introducción de la lección representa poner los cimientos.
3. El resumir la lección es levantar la armazón.

4. Las preguntas corresponden a las secciones rehechas que se han pedido al alumno que hiciera de la materia prima de la asignatura.
5. Por medio de recitaciones y diálogo el maestro completará la armazón.

Las ilustraciones corresponden a las ventanas y las lámparas eléctricas que se ponen en el edificio. Las ilustraciones iluminan el tema, ayudan al alumno a comprender, y así se mantiene su interés. Por lo tanto, en este punto es mejor para el maestro preparar una lista escrita de ilustraciones, o si piensa o desea usar la pizarra o algunos objetos, los anotará. El valor de las ilustraciones no puede estimarse como excesivo al presentar la lección. Tan importante es el tema que más adelante dedicaremos un capítulo entero para considerarlo.

Ahora estamos listos para los toques finales en el edificio. Entonces llegamos a:

III. CONCLUSION

Para cambiar la ilustración: En la introducción ponemos los clavos; en la presentación los clavamos, en la conclusión los remachamos. Como el propósito de la conclusión es asegurar que la lección está profundamente grabada en la mente y en el corazón, el maestro hará dos llamados:

A la mente. Los puntos básicos de la lección tienen que "ser" resumidos para estar seguro que el alumno los lleve consigo; esto es, mentalmente. Para averiguar si los alumnos han retenido las verdades impartidas o no, el maestro les permitirá hablar. El puede decir: "Tenemos tiempo para un repaso breve antes que toque el timbre. ¿Puede darme alguien el título de la lección que escogimos al principio? ¿Cuál fue la primera forma incorrecta de orar que Cristo denunció? ¿Y qué remedio prescribió? ¿Cuál fue el segundo método incorrecto de orar que Cristo expuso? ¿Y cuál fue el remedio que prescribió? Nombre la oración ejemplar que Él les enseñó a sus discípulos. Haga el favor, alguno, de mencionar las peticiones hacia Dios, y también las peticiones hacia el hombre."

Al corazón. Lo primero que hizo el maestro fue crear en la mente del alumno un deseo ardiente de "conocer". Ahora, se propone una tarea aún más importante, la cual es crear en el alumno un deseo ardiente de actuar sobre ese conocimiento.

Un distinguido científico dijo una vez: "El fin más grande de la vida no es conocer, sino actuar." El conocimiento tiene que ser convertido en acción. Lo que fue dicho respecto a la clase de varones será útil para el uso general: "Con demasiada frecuencia estamos obligados a detenernos en la teoría y consejo en nuestra enseñanza. Esto tiene sabor imaginario. Teoría y consejo no es lo que quiere el muchacho. Tal resultado falla al poner en contacto la lección con los poderes verdaderos y las responsabilidades de la vida. Ningún muchacho quiere meros consejos ni puras teorías. Lo que él quiere es la realidad. Lo que le interesa es la actividad genuina."

7 * Apliquemos esta verdad a la lección que estábamos usando como ejemplo. El maestro dice a la clase: "La mejor manera de aprender a nadar es nadando; la mejor manera de aprender a patinar es patinando. Aprendemos ejecutando. Ahora, la mejor manera de aprender a orar es poniéndose a orar. Estoy seguro de que las lecciones que hemos estudiado llegarán a ser de bendiciones constantes para nosotros a medida que

nos determinemos a dedicar algún tiempo diariamente a la oración, meditación y lectura de la Biblia."

Es imposible establecer unas reglas seguras tocante al método de aplicar la lección; todo depende de las circunstancias y la dirección del Espíritu de Dios. Hay veces en que si el maestro ha enseñado bien, no será necesario hacer una aplicación formal de la lección; la Palabra misma obrará. Algunas veces serán más efectivas unas sugerencias indirectas que una exhortación directa.

Note como el Señor aplicó la parábola del buen samaritano (Lucas 10:25-27). Después de narrar la historia, el Señor pudiera haber hecho una aplicación directa, diciendo al abogado: "El mero hecho de que haga tal pregunta como: '¿Quién es mi prójimo?' indica que carece de amor al prójimo. Porque si fuera un verdadero prójimo conocería instintivamente que cualquiera que necesita su ayuda es su prójimo. Manifiesta el mismo espíritu de aquel samaritano, y tendrá la respuesta perfecta a su pregunta." Pero el Señor usó la aplicación indirecta. El hizo que el interrogado se expresara al hacerle una pregunta: "¿Cuál de estos tres te parece que fue el prójimo de aquel que cayó en manos de los ladrones?" El contestó: "El que usó con él de misericordia." Habiendo interrogado al abogado, remachó la lección con el mandamiento: *"Ve, y haz tú lo mismo."* Hay un regaño en estas palabras; pero es indirecto, y el abogado se queda con algo en qué pensar por muchos días.

Vemos que el Señor hizo que el abogado contestara su propia pregunta. De un modo similar el maestro induce a los alumnos a expresarse, como se sugiere en lo siguiente: "Tenemos ahora el conocimiento verdadero de la forma de orar. Pero, ¿es suficiente saber orar? ¿Traerá el conocimiento sobre la oración un avivamiento? Entonces, ¿qué es necesario para completar el conocimiento?" Y la lección pudiera terminar con la respuesta: "Realización."

EL RESUMEN

El límite del tiempo se debe calcular mentalmente mientras se prepara y se pone en orden la materia de la lección. La lección se puede comparar a un viaje por vapor, al fin del cual esperamos que el maestro baje la escalera y se desembarque a los pasajeros según el horario. La práctica y la experiencia ayudarán al maestro a conocer en qué partes de la lección debe poner énfasis, y qué partes debe eliminar para que se ajuste la lección al tiempo señalado por el horario.

El bosquejo escrito por el maestro debe ser breve: un mero esqueleto de la lección, que pueda refrescar su memoria solamente. Se debe recordar que en el plan de la lección explicado en este capítulo no se intenta restringir la libertad del maestro obligándole a exponer su lección de una manera inflexible y rígida, más bien se trata de darle una pauta, una guía, en el arreglo y presentación ordenada de su materia.

"Aunque haya preparado el bosquejo lo mejor posible —escribe el señor Suter—, puede ser desviado por encontrarse con una situación inesperada o imprevista en su aula. Esto seguramente le acontecerá algunas veces. No se desanime por ello. Existe una razón legítima para desviarse. Tal vez un alumno provoque una discusión por alguna pregunta genuinamente importante, la cuál exige una respuesta en el momento. Puede ser ésta la oportunidad de oro. Recuerde que el propósito fundamental de enseñar la religión es influir en las vidas."

Quizá sea necesario y prudente el ser descarrilado por un momento; pero es muy importante que tengamos una ruta de la que podamos descarrilarnos.

Hemos recorrido una distancia bastante extensa en este capítulo. Miremos hacia atrás para ver, a vuelo de pájaro, el plan de la lección:

I. Introducción
Propósito: Preparar la mente y el corazón del alumno
  A. Haciéndole pensar
  B. Despertando su interés
  C. Declarándole el tema

II. Presentación
Propósito: Impartir los hechos principales de la lección:
  A. Resumiendo la lección
  B. Desarrollado la lección con preguntas, discusiones y explicaciones
  C. Ilustraciones

III. Conclusión
Propósito: Resumir la lección y aplicarla a la vida con dos peticiones:
  A. Una petición dirigida a la mente
  B. Una petición dirigida al corazón

Capítulo siete

Manteniendo despierta a la clase

En este capítulo vamos a considerar la importancia y el significado de despertar y retener la atención y el interés de la clase. El problema del maestro y la solución se pueden resumir de una manera breve y sencilla en la forma siguiente:

1. ¿Cuál es su tarea? Grabar la lección en la mente y el corazón de los alumnos.
2. ¿Cómo logrará esto? Primeramente, despertando su atención.
3. ¿Cómo puede él despertar la atención? Logrando el interés.
4. ¿Cómo conseguirá el interés del alumno? Comparando la lección con cosas que estén relacionadas con el alumno y que comprenda; en otras palabras, usando sus ideas.

Invirtiendo el orden: Si el maestro apela a las ideas de los alumnos, ganará su interés; si él gana su interés, retendrá su atención; y si él logra retener su atención, podrá impartir eficazmente la lección.

LA ATENCION

¿Qué es la atención? Ha sido definida como "la dirección de la actividad mental hacia una verdad u objeto determinado". Un alumno atento es uno que concentra y enfoca las facultades del alma sobre lo que dice o hace el maestro tocante a la lección. Decimos "lección" porque es posible para el alumno clavar la mirada en el maestro en una actitud de interés aparente mientras que su mente está a mil kilómetros de distancia. Se ha dicho que "un alumno puede mirar sin ver, escuchar sin oír, y oír sin comprender. El se sienta y sueña. La mente tiene entradas interiores igual que exteriores. Las entradas exteriores admiten meramente hasta 'el patio'z de la mente. Un gran número de alumnos guarda cerradas las puertas interiores de su mente a muchas de las enseñanzas dadas por el maestro."

Durante un culto evangélico en un pueblo africano, había una mujer que casi no movía la vista del rostro de la misionera. Parecía que ella escuchaba con atención, extasiada. "Esa mujer está conmovida con el mensaje", pensaba la misionera. Después del culto ella se acercó a la mujer para conocer más a fondo de esa demostración de interés; pero se desengañó porque la mujer pagana dijo: "Estaba mirando ese diente de oro que usted tiene. Dígame, por favor, dónde lo consiguió." Había manifestado gran interés, pero no fue en el tema.

Hay dos clases de atención: la voluntaria y la espontánea. La atención voluntaria se produce cuando el oyente se obliga, mediante un acto de la voluntad, a prestar atención a la materia. No es una actitud permanente; porque el oyente hará una de dos cosas: se deslizará en interés espon-

Manteniendo despierta a la clase 63

táneo o perderá enteramente el interés. Es más probable que suceda esto último, que lo primero.

3 La atención es espontánea cuando no necesita del esfuerzo. Todo asunto, que no sea el presente, está desterrado, por el momento, y el interés del alumno se mantiene sin esfuerzo consciente de su parte. La atención espontánea es la mejor, y es inspirada por el interés verdadero. Si el maestro no logra que su lección sea interesante, el alumno probablemente dejará que su mente vague muy lejos del tema. La razón de todo esto es que la mente no se puede concentrar por mucho tiempo en un objeto inalterable. La variedad y el cambio son esenciales al interés. Por lo tanto el maestro tiene que cambiar la lección volteándola, por decirlo así, mostrando sus diferentes aspectos. Hablando figuradamente, usará el telescopio, para que vean la lección a vista de pájaro; o, puede usar el microscopio para mostrar la belleza escondida de una parte del texto; al llegar a una esquina oscura de la historia, encenderá la linterna de la ilustración o tal vez usará la brocha y la lona para pintar de palabras un cuadro de alguna escena bíblica. Todas estas actividades, y otras de una naturaleza similar, se unen para que la lección sea interesante.

Es absolutamente necesario que el maestro despierte y retenga la atención de la clase, porque la atención es la única ruta por medio de la cual el maestro puede trasmitir sus ideas. Decir que la clase no está prestando atención, es decir que la clase no está aprendiendo nada, y que el maestro está hablando en balde.

Además, es muy dañino enseñar cuando no prestan atención. "Cada vez que permita desorden, lo frívolo, o fútil, está ayudando a rebajar y corromper el carácter mental de sus alumnos —escribe el profesor Fitch—. Está estimulándoles a un hábito malo. En verdad está haciendo algo para impedirles llegar a ser lectores pensativos, obsevadores diligentes y oyentes fervorosos por toda su vida."

EL INTERES

El obtener el interés es de suma importancia en la educación; un pedagogo afirma que ello no es el medio sino el objeto de la educación. El alumno tal vez olvidará una multitud de hechos que le han sido enseñados, pero si el maestro ha enseñado de un modo tal que ha hecho sentir al alumno que la Biblia es el libro más maravilloso que hay en el mundo, y que la vida cristiana es la actividad más elevada para el hombre, ha logrado su propósito.

Supongamos que se da un curso de seis meses sobre el estudio de la historia del Antiguo Testamento en una clase de preparación para maestros. Podemos estar seguros de dos cosas: primera, que todos los hechos del Antiguo Testamento no pueden ser dominados en ese corto período; segunda, que los alumnos olvidarán muchos de los detalles. Pero si a la terminación del curso encuentra a los alumnos entusiasmados con el plan divino, el poder y la belleza de la Palabra; si les encuentra conscientes de su falta de conocimiento y deseosos de saber más, entonces el curso ha logrado su fin más alto.

El alumno en general está lleno de ideas, deseos e impulsos que se pueden clasificar como intereses. Estos se pueden alistar para Dios y cosas espirituales, más por el contrario, estas mismas cosas se pueden alistar en el lado de lo malo, de la mundanalidad y cosas secundarias. La tarea del maestro de la Escuela Dominical es provocar aquellos intereses y juntarlos con los valores más altos de la vida.

Tome por ejemplo el caso siguiente: Cinco días de la semana el alumno asiste a clases de historia, geografía, ciencias y otros temas dirigidos por instructores que dan vida e interés a su instrucción. El domingo el alumno va a la iglesia y escucha una presentación seca, inanimada y formal del evangelio. ¿Cuál es el resultado? Es probable que llegue a la conclusión de que la historia, la geografía y otros temas son de mayor importancia e interés, y que la religión es algo más bien insípido e insensato.

Por lo que se ha dicho se ve que el maestro tiene que hacer algo más que interesar a los alumnos; tiene que interesarles en lo que es verdadero. Más que hacer que el período de la lección sea interesante, tendrá que interesar a la clase en la lección. Si el maestro cuenta una historia chistosa que no tiene relación con la lección, el alumno recordará la historia pero olvidará la lección. Sin embargo, en casos de emergencia podrá serle necesario al maestro desviarse de esta regla.

Escribe el doctor Weigle: "El maestro que empieza a trabajar con un grupo de muchachos insoportables o con una bandada de muchachas egoístas, que se ríen sin motivo, tendrá que conquistarlos de cualquier modo que pueda. Tendrá que hacer un contacto entre los alumnos y él mismo, antes de hacerlo entre ellos y la lección. Sin embargo, este proceder debe ser como el martillo, la sierra y el hacha en el vagón de un tren: herramientas de emergencia, solamente para el uso en caso de una colisión desastrosa o un desastre amenazante."

USANDO EL PUNTO DE VISTA DEL ALUMNO

¿Cuándo llega a ser interesante un tema o ejercicio? Cuando se da a la persona una oportunidad de expresar las ideas y facultades que residen en ella. Por lo tanto la enseñanza que interesa es la que apela a las propias ideas del alumno. (Refiérase al Capítulo Dos). El propósito es:

1. Hacerle comprender la verdad.
2. Hacerle llegar a la verdad.

I. Haga que los alumnos entiendan la verdad presentando la introducción de la lección en términos e ideas de experiencias propias.

Para interesar al alumno tenemos que comprender su punto de vista y ver la verdad a través de sus ojos. Lo que dijo John Adams tocante al predicador es aplicable también al maestro: "Muéstreme un predicador con éxito, y yo le mostraré un hombre que es capaz, metafóricamente, de estar en el púlpito y al mismo tiempo estar sentado en el banco. El tiene que mirar a través de los ojos de sus oyentes y presentar sus ideas considerando su fondo." De la misma manera el maestro tiene que ver la verdad a través de los ojos de sus alumnos.

Imagínese una clase de varones. El maestro, un hombre con una mirada algo austera, está sentado con los ojos fijos en su guía del maestro. Uno de los muchachos está ojeando atentamente el reloj; dos de los otros están muy ocupados entre sí en una conversación animada mientras que el tercero, con una mirada de aburrimiento, está diciéndose: "Es un novato, no sabe lo que les inte-

Manteniendo despierta a la clase 67

resa a los muchachos." Puede ser que él mismo tenga interés en la lección, pero es muy evidente que los alumnos no lo tienen.

Esto no pasará con el maestro que prepara su lección teniendo en mente la pregunta: "¿Qué conocimiento tiene el alumno acerca de lo que explicaré hoy que le ayude a comprender su significado?" Estudiemos algunos ejemplos sobre este principio.

c) El Maestro Divino explicó la verdad desde el punto de vista de sus oyentes. El vino con un mensaje que encerraba las verdades más profundas tocantes a Dios, el hombre y la existencia humana. ¿Cómo aclaró estas verdades a los indoctos galileos? Diciéndoles que el reino de Dios era semejante a algunas cosas que ellos ya conocían:

- El reino de los cielos es semejante a la semilla de mostaza.
- El reino de los cielos es semejante a las bodas del rey.
- El reino de los cielos es semejante al hombre que sembró la buena semilla.
- El reino de los cielos es semejante a una red.

Estudie la manera en que El llamó a Andrés, Pedro, Santiago y Juan al servicio activo (Mateo 4:18-20). Pudiera haber dicho: "Dejen su empleo, y háganse discípulos míos, y yo les voy a enseñar la obra de persuadir a los hombres a abandonar el egoísmo y el pecado y vivir la vida recta al servicio de Dios." Esto hubiera expresado lo que El quiso decir, pero nuestro Señor Jesús tenía una manera de apelar más directa e incitante. Sabiendo que esos hombres eran pescadores, ocupados en su trabajo, El dijo: "*Venid en pos de mí, y os haré pescadores de hombres."*

¡Qué manera mejor se pudiera imaginar para llamar a pescadores a la obra misionera! El Señor conocía "el punto de contacto" con estos hombres, y relacionó una obra, que para ellos era nueva, con una ocupación en la cual ellos habían estado casi toda la vida.

"¡Pescadores de hombres!" Pedro debió haber razonado pronto: "Yo sé lo que El quiere decir. Hemos estado transfiriendo pescados de la vida a la muerte; ahora vamos a sacar a los hombres del mar de la maldad, tantas veces descrita por nuestros rabíes (Isaías 57:20), y guiarlos de la muerte hasta la vida."

El hecho que ellos, *"dejando al instante las redes, le siguieron",* indica que el llamado del Señor tocó sus mentes y corazones.

La siguiente lista de preguntas (citada por el doctor Schmauk) demuestra cómo un tema difícil puede hacerse comprensible a una clase de niños. El maestro está describiendo la oración de penitencia de David como está registrada en el Salmo cincuenta y uno.

— David es malo porque ha cometido muchos pecados, tiene manchado el corazón, y sin embargo es bueno porque está orando a Dios. ¿Puede un hombre ser bueno y malo?
— No.
— Pues vamos a ver. Cuando el herrero llega a casa de su trabajo, ¿está limpio o sucio?
— Sucio.
— Pero después que se ha bañado y se

Manteniendo despierta a la clase 69

sienta a comer y más tarde a leer el periódico, ¿está todavía sucio?
— No.
— ¿Está limpio ahora?
— Sí.
— Entonces, el hombre puede estar limpio y sucio? Pero, ¿puede estar limpio y sucio al mismo tiempo?
— No.
— ¿Puede él estar sucio en una ocasión y limpio en otra?
— Sí.
— Entonces, ¿qué es lo que cambia a un hombre sucio en limpio?
— El lavarse.
— ¿Qué fue lo que David quiso que Dios hiciera con su corazón?
— Lavarlo, limpiarlo.
— ¿No dice en el Salmo que Dios lo lavó?
— Sí y no.
— Bueno, ¿puede Dios hacer cualquier cosa que desea?
— Sí.
— ¿Piensan que Dios quiere que los hombres tengan corazones sucios?
— No.
— Entonces, ¿tendrá Dios deseo de limpiar el corazón de David?
— Sí.
— ¿Y El pude hacer cualquier cosa que desea?
— Sí.
— Tan pronto como David quiso que Dios lavara su corazón, ¿lo hizo Dios de inmediato?

—Sí.
—¿Cuánto tiempo necesita Dios para lavar el corazón de David?
—Enseguida, pronto, inmediatamente.
—¿Cuánto tiempo necesitaría el herrero para lavarse?
—Tal vez cinco minutos, o quizá diez.
—¿Necesitará Dios tanto tiempo?
—No.
—Dios no necesitaría ningún tiempo para hacerlo, ¿verdad?
—No.
—David quedó limpio tan pronto como oró, convirtiéndose en hombre bueno, ¿verdad?
—Sí.
—¿Qué es lo que impulsa al hombre a pedirle a Dios que lo lave?
(No recibe respuesta.)
—Bueno, ¿qué es lo que impulsa al herrero a lavarse?
—El sentirse sucio.
—Si le gustara al herrero estar sucio, ¿se lavaría y bañaría?
—No.
—¿Vendría el agua a él para lavarlo?
—No.
—¿Entonces él se baña porque le gusta estar limpio?
—Sí.
—Y si quiere estar limpio, ¿puede lavarse de inmediato?
—Sí.
—Entonces si el hombre tiene el cora-

zón manchado, es porque le gusta te
así, ¿verdad?
— Sí.
— Y si quiere tener el corazón limpio, ¿lo puede tener enseguida?
— Sí.

Note cómo el interrogante aclara a los niños el tema difícil de la purificación espiritual comparándola con el lavado físico, con que todos están familiarizados (esperamos que sí).

II. Haga que los alumnos reciban la verdad, aplicándola a sus necesidades.

Vamos a imaginarnos una clase de muchachos a quienes se les va a enseñar la lección basada en el primer capítulo de Daniel. Primeramente, el maestro tiene que interesarlos en la lección. ¿Cómo va a empezar? Ciertamente, no con un discurso teológico sobre la santificación del cuerpo; la teología está más allá de la comprensión de los alumnos. Sin embargo, sabiendo que los muchachos tienen interés en el atletismo, puede empezar de una manera parecida a la siguiente: "La lección que hemos de estudiar hoy de mañana valdrá más que el oro para todos ustedes, hasta donde convenga el valor práctico. En esta lección Dios nos dice cómo podemos conservar nuestros cuerpos fuertes y saludables, para que podamos ganar en la batalla y en el juego de la vida. Daniel descubrió eso por la experiencia cuando determinó hacer lo que Dios había mandado tocante a su vida física. ¿Quién es Daniel? Yo me refiero a ese Daniel que se describe en nuestra lección. Aquí está la historia . . ."

Lo que hemos dicho con respecto a la enseñanza

de la lección bajo el punto de vista del alumno, explicará la necesidad imperativa de llegar a conocer a los alumnos si se desea ser un maestro con éxito. Escribe la señorita Cather: "La mente y el corazón del alumno son el campo en que el sembrador riega la semilla. El agricultor que no conoce la calidad de la tierra de su finca tendrá una cosecha escasa."

Capítulo ocho

Manteniendo despierto al maestro

En verdad ésta es la continuación del capítulo anterior: *Manteniendo despierta a la clase*. El título de este capítulo se hace con el propósito de indicar que la actitud del maestro determinará grandemente la actitud de la clase. El encontrará gran ayuda en mantener la atención de la clase si sigue los siguientes puntos:

1. Interés
2. Preparación concienzuda
3. Cuidado constante
4. Amor semejante a Cristo

EL INTERES ENTUSIASTA

Una vez un predicador preguntó a Henry Ward Beecher: "¿Cuál es la mejor manera de conservar despierta a una congregación en la tarde de un domingo caluroso?" Su respuesta fue: "¡Consiga una caña larga y fuerte, póngale un clavo en la punta y aguijonee al predicador!" Hay una gran sabiduría en esta respuesta.

"Cada vez que hablamos nosotros determinamos la actitud de nuestros oyentes — nos dice el doctor Dale Carnegie —. Los tenemos en la palma de nuestras manos. Si somos lánguidos, ellos estarán lánguidos. Si somos reservados, ellos serán reservados. Si nosotros sentimos solamente lenidad (suavidad, blandura), ellos sentirán también lenidad. Pero si somos implacablemente fervorosos sobre lo que decimos y si lo decimos con sentimiento, espontaneidad, animación y convicción absoluta, ellos no podrán fallar y retendrán algo de nuestro espíritu."

F. B. Myer tenía en su mente esta verdad cuando dijo: "Cuando yo veo que las personas pierden el interés, me meto en la escopeta y me tiro a la congregación."

Todo esto quiere decir que un maestro con éxito será elocuente, no con elocuencia de flujo de palabras suaves, sino con elocuencia efusiva, sincera y nacida del corazón. Lo que ha sido dicho tocante al sermón ciertamente puede aplicarse a una lección de la Escuela Dominical: "Encontrará que los sermones con que gozará más predicando, los que verdaderamente logran el mayor bien en las vidas de su pueblo, son aquellos sermones que ha sacado de lo más íntimo de su ser. Ellos son hueso de su hueso, carne de su carne, los hijos de su labor mental, la potencia neta de su propia energía creativa. Los sermones que viven y mueven, y entran en el templo caminando, brincando y alabando a Dios; los sermones que entran en el corazón de los hombres haciéndoles remontarse como águilas y caminar en los caminos del deber sin fatigar; estos sermones reales son los que verdaderamente nacen de las energías vitales del hombre que los emite."

Hay un modo seguro por el cual el maestro

puede conseguir esta preparación del corazón. Es por el camino de la oración. Deje al maestro que lleve su bosquejo de la lección a la presencia de Dios, orando sobre cada punto y detalle, haciendo a Dios preguntas sobre la lección, pidiendo la ayuda de su Espíritu, orando que cada tema sea grabado en su propia alma, hablando a Dios sobre la lección como cuando habla con un amigo. Seguramente, entonces el maestro comprenderá lo que el Salmista quiso decir cuando expresó: *"Se enardeció mi corazón dentro de mí; en mi meditación se encendió fuego, y así proferí con mi lengua"* (Salmo 39:3).

Para resumir: si el maestro domina la lección y deja que la lección le conmueva, no tendrá dificultad en conmover a sus oyentes.

LA PREPARACION CONCIENZUDA

Dwight L. Moody, una vez, haciendo un estudio profundo del tema de la gracia llegó a estar tan conmovido por su tema que, cogiendo su sombrero, se apresuró a salir a la calle, y al primer transeúnte con quien se encontró le preguntó: "¿Sabe usted lo que es la gracia?" No fue un milagro que millares de personas fueran conmovidas por la predicación de este hombre de Dios.

El maestro puede ser tentado a confiar en sus conocimientos intelectuales, confiar en el hecho que él haya enseñado la misma lección anteriormente; pero si es sabio él no ha de rendirse a esta tentación. Aunque él haya estudiado idéntica lección unos pocos meses antes no estará preparado para enfrentarse con la clase si no atiende a que la lección sea "renacida" mediante la labor del estudio y de la oración.

El maestro debe recoger más material del que

puede usar en la lección. Aunque sea difícil explicar el hecho, sin embargo es muy cierto que una reserva de material da una fuerza especial a cada palabra dicha, e inspira al que habla.

I. Por el bien de la lección.

Se relata que a la señorita Ida M. Tarbell, bien conocida historiadora, le pidieron que escribiera un artículo para una revista sobre el Cable Atlántico. Ella entrevistó al director europeo del cable principal, estudió todas las clases de cables exhibidos en el museo británico; leyó libros sobre la historia del cable y aun visitó una fábrica donde se hacía cables. ¿Por qué recogió diez veces más material del que podía usar? Ella sabía que el material sobrante daría fuerza a cada palabra que escribiera, igual que el agua en un tanque grande hace presión detrás de la corriente de agua que fluye por la llave. La mayor parte de los maestros no pueden, por supuesto, poner semejante cantidad de trabajo en cada lección, pero comprenderán el principio.

II. Por el bien del maestro mismo.

Si hubiéramos invitado a un grupo de personas a una comida y no estuviéramos seguros de tener suficiente comida para todos, ¿nos sentiríamos tranquilos si supiéramos que todos eran comedores voraces? Seguramente que no. Solamente con la seguridad de que teníamos más que lo suficiente podríamos sentirnos perfectamente tranquilos. La mejor manera de que un maestro se sienta lleno de confianza delante de una clase con apetitos grandes por la verdad, es llegar delante de ellos con una provisión abundante de comida espiritual bien cocida.

III. Por el bien de la clase.

En las palabras del profesor Palmer: "Al preparar un discurso yo encuentro que siempre tengo que trabajar más duramente sobre las cosas que no digo. Las cosas que estoy seguro que voy a decir, fácilmente las puedo preparar. Ellas son evidentes y accesibles; pero, descubro que ellas no son suficientes. Tengo que tener un fondo ancho de conocimientos que no aparecen en el discurso. Tengo que repasar mi teme entero y ver cómo aparecen las cosas que voy a decir en sus diversas relaciones, descubriendo combinaciones que no voy a presentar a mi clase.

"Alguno tal vez preguntará: '¿Cuál es el provecho de eso? ¿Por qué preparar más material del que puede usarse?' Todo maestro que ha alcanzado el éxito ya lo sabe. No puedo enseñar hasta el margen de mi conocimiento sin el temor de caer. Mis alumnos descubren este temor y mis palabras son ineficaces. Ellos sienten la influencia de lo que no digo. No lo puedo explicar exactamente; pero cuando me muevo libremente a través de mi tema como si me importara poco en qué parte me paro, ellos reciben el sentido del poder certero, el cual es compulsivo y fertilizante."

La preparación concienzuda es provechosa; porque el maestro descubrirá que está obteniendo una comprensión de la Palabra de Dios que no podría haber recibido leyendo o escuchando solamente. El comprenderá por la experiencia lo que muchos maestros han declarado: "La mejor manera de aprender es enseñando."

VIGILANCIA CONSTANTE

Un evangelista muy conocido estaba hablando a su auditorio en una tienda de campaña grande.

Empezó su sermón en un estilo de exhortación en defensa de la fe. De repente cambió el tenor de su mensaje e hizo una narración conmovedora que dejó al auditorio en lágrimas. ¿Por qué cambió su tema? Con el ojo de un orador público de experiencia, observó que estaba perdiendo la atención de su auditorio porque el sermón especial con que empezó no los conmovía. Dándose cuenta de la inutilidad de predicar sin retener la atención, él deliberadamente cambió su tema para recobrar el interés. Pudo hacer este cambio porque tenía la mirada fija en su auditorio. De una manera semejante el maestro debe observar cuidadosamente la actitud de sus alumnos. Si percibe declinación en el interés, demostrado en ojos contemplativos y semblantes aburridos, debe hacer algo en seguida para recobrar su atención; por ejemplo, pudiera pasar a la pizarra y empezar a escribir, o pudiera relatar una historia, o presentar una ilustración o hacer una pregunta que provoque meditación.

EL AMOR SEMEJANTE A CRISTO

Algunas verdades son tan verídicas, tan reales y tan completamente creídas, que frecuentemente se acuestan, por decirlo así, en nuestras mentes y caen en un sueño profundo. El deber del amor es una de ellas. Pero debe ser estimulado a la acción, porque de todas las fuerzas que ligan al maestro con el alumno y por lo tanto, a su enseñanza, el amor es la más grande. Y ellos reconocerán y responderán al sentimiento e interés bondadoso, porque, como ya se ha dicho: "La bien conocida raza humana está presta en descubrir si una plática viene del cerebro o del corazón." Y sin el afecto que liga corazón con corazón nuestra enseñanza será como metal que resuena, o címbalo que retiñe. Mientras que oramos por cada miembro de la clase nombrándoles, pidiendo a Dios sabiduría para ayudar a cada uno, según su necesidad individual, nos uniremos a los corazones de los alumnos con las cadenas de oro del sentimiento y devoción cristiana.

En este y anteriores capítulos hemos tratado de principios y reglas para estimular el interés. En los tres capítulos siguientes consideraremos métodos prácticos para poner en práctica aquellos principios y reglas. Ellos son los siguientes:

1. El uso de ilustraciones.
2. El uso de la pizarra y los objetos.
3. El uso de narraciones históricas.

Capítulo nueve

Aclarando la lección

No se puede discutir la importancia que tienen las ilustraciones para iluminar y aclarar la lección. Lo que son las ventanas y luces a la casa, son las ilustraciones a la lección. "Una fotografía vale por diez mil palabras", dicen los chinos. El maestro que quiere tener éxito, por lo tanto, cambiará los oídos de sus alumnos en ojos y les hará ver lo que él está diciendo. Por ejemplo, compare las siguientes declaraciones:

1. Si cayéramos en pecado sería una tontería quedarnos en esa condición. Vayamos inmediatamente a Dios para obtener perdón.
2. ¿Qué pensaría usted de una persona que, después de resbalar y caerse en una zanja fangosa, se quedara tirada en el fango, lamentando su accidente y su condición fangosa? Pensaríamos de él que verdaderamente es un tonto. Un hombre prudente se levantaría rápidamente, se quitaría el fango de su ropa, iría a su casa, se bañaría y se cambiaría de ropa. Una diferencia notable entre la oveja y el puerco es que si cae la oveja en el fango, balará, mientras que el puerco meramente

se acuesta y se revuelca.

Las ovejas de Cristo no harían ni deberían quedarse en el fango del pecado si por casualidad cayeran mediante la tentación y la debilidad.

En la primera declaración los alumnos solamente oyen la verdad; en la segunda, ellos la ven. Recordarán la segunda declaración mucho más fácilmente, porque las "fotografías" encajan en la mente como balas en un árbol. Es bueno, por lo tanto, cultivar el arte de hablar fotográficamente. Por ejemplo, un escritor que quería expresar el pensamiento de la inutilidad de tratar de mejorar lo que ya es perfecto, lo dijo en una serie de imágenes visuales: "Dorar el oro refinado, pintar el lirio, echar perfume sobre la violeta." El nos hizo ver lo que decía.

Más énfasis se pone sobre la importancia de las ilustraciones según el lugar que ocupan en la enseñanza de Cristo, quien constantemente, por el uso de parábolas, le decía a la gente a lo que era semejante el reino de los cielos.

Lamento y llanto, risa y baile, riqueza y pobreza, hambre y sed, salud y enfermedad, juego de niños, recogiendo y esparciendo, dejando la casa, la vida en el mesón, matrimonio y funeral, la casa espléndida de los vivos y el sepulcro de los muertos, el sembrador y el segador en el campo, el señor de la vendimia entre sus viñas, el obrero en el mercado, el pastor buscando sus ovejas, el vendedor de perlas en el mar, y otra vez, la mujer en casa, ansiosa sobre la tinaja de harina o levadura, o la moneda perdida, el oficial áspero, la comida terrenal que perece... todos estos cuadros vivifican sus discursos y los aclaran aun para aquellos que son como niños en su entendimiento.

EL BUEN USO DE ILUSTRACIONES

Vamos a considerar algunos principios que rigen el uso correcto de las ilustraciones.

I. La ilustración debe ser más clara que la verdad que se quiere ilustrar.

Una explicación que necesita otra aclaración, verdaderamente no es una explicación. Lo mismo sucede con la verdad de una ilustración. El propósito de la ilustración es iluminar un tema que es oscuro a los oyentes; pero si la ilustración no es clara para ellos, entonces es más grande la oscuridad. Una vez, un predicador, se dirigió a un grupo de niños en la forma siguiente: "Ahora explicaré la esperanza, para que todas las muchachas puedan ir a sus casas y decir a sus madres lo que es la esperanza. Niños, ustedes saben que la hermosa corriente de agua, que corre detrás del templo, se compone de dos elementos: el oxígeno y el hidrógeno; así la esperanza se compone del deseo y de la expectación." En lugar de verter luz sobre el tema, el que habló, solamente sumergió a los niños en densa oscuridad, porque ¿cuántos de ellos entenderían el significado de las palabras: elementos, hidrógeno, oxígeno y expectación?

II. La ilustración debe interesar algún aspecto de la propia experiencia del alumno.

El hecho de que una ilustración interese al maestro no garantiza que ha de interesar a los alumnos. Se nos dice que en un discurso que una vez fue pronunciado a un grupo de niños, sobre el texto: "Las zorras pequeñas echan a perder las viñas", el propósito del orador era describir el daño hecho al carácter por los vicios y debilidades pequeñas. A primera vista la ilustración parece vívida y adecuada; pero vamos a examinarla más cuidadosamente.

¿Cuántos de los niños habían visto una zorra o conocían algo acerca de ella? ¿Cuántos habían visto alguna vez una viña? En verdad ellos nunca habían vivido en un país donde las zorras destruían las viñas y nunca habían oído de tal conversación. Por eso la ilustración falló en hacer el punto de contacto con los alumnos. El sermón hubiera logrado su propósito con gran éxito si el orador hubiera traído una manzana picada (o alguna fruta) y un cuchillo y hubiera explicado a los niños que esa mancha chiquita se extendería por toda la manzana si no se quitaba a tiempo. Entonces les mostraría una manzana podrida. Tal ilustración hubiera estado al alcance de la experiencia de ellos, porque probablemente cada uno debe haber mascullado manzanas y probado lo amargo de la parte echada a perder.

Veamos otro ejemplo: Algunos misioneros estaban traduciendo la Biblia en un dialecto de una tribu africana. Llegaron al versículo: *"Si vuestros pecados fueren como la grana, como la nieve serán emblanquecidos; si fueren rojos como el carmesí, vendrán a ser como blanca lana."* Para traducir este versículo literalmente lo tenían que haber hecho sin significado para los africanos, que nunca habían visto la nieve. En verdad, ellos no tenían una palabra para expresar la nieve; pero ellos habían comido muchos cocos, y sabían, por la experiencia, la blancura de su sustancia. Entonces los misioneros tradujeron el versículo como sigue: "Si vuestros pecados fueren como la grana, como el blanco de la masa del coco serán emblanquecidos." Esta traducción tal vez suene algo extraña, pero llevó la verdad al alcance de la experiencia de los nativos.

III. Las ilustraciones deben tener una relación verdadera con la lección.

No deben ser metidas a la fuerza en la lección meramente para adornarla. La ilustración no es el fin primordial, sino solamente una ayuda para la mejor comprensión de la lección, así como los espejuelos no son para mirarlos, sino para mirar a través de ellos. El maestro debe preguntarse a sí mismo: "¿Hace falta? Aclarará? ¿Es apropiada?" Así tampoco la linterna no se lleva como un adorno, sino para iluminar los caminos.

IV. Evite el exceso de ilustraciones.

Una casa que no tiene ventanas es un lugar oscuro y una casa que está llena de ellas no es una casa buena. Cuando se usan varias ilustraciones para explicar un solo punto, ello provoca una confusión para el alumno.

V. Evite el uso de las ilustraciones que causan mala impresión.

Nos referiremos aquí a aquellas ilustraciones, que por vulgaridad o tosquedad disgustan o distraen a la clase, así que la verdad más bien se oculta que aclara. Por ejemplo, el poder de atracción de la atmósfera cargada de la presencia del Espíritu Santo ha sido muchas veces comparada con el contagio del sarampión. Esta ilustración es impropia por dos razones: Primeramente, la naturaleza y el poder del Espíritu Santo no se explican comparando esa influencia con una enfermedad; segunda, no es muy probable que tal ilustración por su vulgaridad, inspire reverencia. Más bien moverá a la risa, en lugar de devoción.

Mirando el tema desde otro aspecto, Marion Lawrence escribe: "El escritor debe abandonar completamente toda narración o ilustración en sus discursos públicos, que pudiera dar lugar a que alguno saliera ofendido. Esto quiere decir que no se contarán narraciones de personas tartamudas, o referirse a deformidades, como jorobados, labihendidos, patizambos, etc. No es bondadoso ni propio del seguidor de Cristo dejar salir del culto a alguna persona desafortunada, sintiendo que usted podía haber llenado su cometido sin recordarle a él su enfermedad."

VI. Evite ilustraciones que pueden sugerir una idea errónea.

El siguiente ejemplo, de este principio, es citado por el doctor Weigle. "Una clase de la Escuela Dominical estaba escuchando una plática sobre la firmeza de hábitos adquiridos en la juventud, y para aclararlo el orador dijo: 'Muchachos, ¿se hacen en este vecindario aceras de cemento?' Todos los ojos estaban fijos en él cuando contestaron: '¡Sí!' Continuó el orador: '¿Sabían ustedes que cogiendo un palo puntiagudo y escribiendo un nombre en el cemento cuando esté húmedo al endurecerse queda allí por largo tiempo, tanto como dure la acera? Yo supongo que ningún muchacho sea tan travieso que haga tal cosa', añadió él apresuradamente, cuando vio una expresión significativa en las caras de los alumnos. Pero ya era demasiado tarde: la ilustración había hecho su trabajo, y el deseo de legar autógrafos a la posteridad sería ejecutado en la primera oportunidad."

¿COMO APLICAR LAS ILUSTRACIONES?

Hay dos maneras o formas:

I. Cite la ilustración y aplique la verdad.

Por ejemplo:

La ilustración: Se dice que cuando un corredor siente que su respiración está agotándose, que sus pulmones están rompiéndose y él está tan extenuado que no puede soportar más, algo extraordinario acontece. De pronto siente un repentino empuje de fuerzas, la fatiga desaparece y él continúa en su curso como cuando empezó. Este ejemplo de fuerza nueva se conoce como "el nuevo aliento".

La aplicación: Esta ilustración nos ayudará a comprender lo que el profeta quiso decir cuando declaró: **"Los que esperan a Jehová tendrán nuevas fuerzas."** Si mientras corremos nuestra carrera espiritual y llegamos al lugar donde nuestra fuerza está agotada y nosotros tenemos deseos de abandonarla, confiemos en Dios y sigamos adelante. Porque, esperando a Jehová, recibiremos nuestro nuevo aliento, hablando espiritualmente.

II. Cite la verdad y aplique la ilustración.

La declaración: Muchas personas están de acuerdo en que la oración actúa en el reino espiritual, inspirando nuestras almas, fortaleciendo nuestra voluntad y poniéndonos en contacto con Dios. Pero algunos no se dan cuenta que la oración actúa también en el reino de asuntos materiales, cambiando circunstancias y haciendo que acontezcan otras cosas.

La ilustración: Hace muchos años Jorge Müller fundó un asilo para huérfanos, en Inglaterra, donde más de diez mil huérfanos fueron socorridos. Millones de pesos fueron enviados para los gastos de la institución; sin embargo es sorprendente el hecho de que no se habían solicitado fondos públicamente. ¿Cuál es la explicación? Solamente una: la oración con fe de Jorge Müller.

Es un buen sistema el declarar o anunciar la ilustración de tal manera que retenga al oyente en suspenso y estimule su interés. Así él estará alerta para recibir la verdad. Suponiendo que el maestro dijera: "Iba por la calle Cristiana en Jerusalén, cuando me encontré con un hombre vestido con traje suntuoso de potentado oriental; a un lado suspendía la espada de oro curvada, usada solamente por el descendiente del profeta Mahoma. Pero este hombre no tenía ninguna apariencia de árabe, tenía ojos azules y los ojos de los árabes siempre son negros o pardos..."

¿Despierta esto la curiosidad? ¿Le hace querer saber más? ¿Y no cree que los alumnos que están perdiendo el interés aguzarán los oídos? Se ha dicho muy bien que "una ilustración debe ser descubierta delante de la escuela como un paquete de Navidad se desempaqueta en casa. Cuanto más apretada esté la cuerda, tanto más grande será la expectación, y especialmente, si no puede acertar por la forma de la caja lo que contiene".

¿DE DONDE OBTENER LAS ILUSTRACIONES?

Las mejores ilustraciones son las sacadas de la experiencia y observación propias del maestro. Por ejemplo, ¿qué clase se dormiría si oyera decir al maestro: "Este versículo me recuerda una experiencia que me pone los pelos de punta, la cual me ocurrió en el desierto..."? O "Cuando iba para el trabajo ayer por la mañana vi un espectáculo, el más extraño de que he sido testigo por mucho tiempo..."

Lo que hemos experimentado o las cosas de las cuales hemos sido testigos se puede contar con una fuerza peculiar y una autoridad que necesariamente despierta el interés.

El manual de la Escuela Dominical proveerá muchas ilustraciones, pero es bueno tener una reserva surtida de ilustraciones, porque nada ayudará a recobrar el interés perdido como una buena narración. Hay muchos libros de ilustraciones que pueden ser provechosos. Si bien es verdad que muchas personas no logran obtener mucha ayuda de tales libros, sin embargo, estudiados propiamente, pueden ser de gran valor.

Tal vez algunos deseen saber exactamente cómo deben usar el cuaderno de notas en las preparación de la lección. Al principio del nuevo trimestre, será un plan excelente dedicar un poquito de tiempo para "poner en fila" la serie entera, derivando así una idea de las lecciones que han de abarcarse durante el trimestre. Habiendo hecho esto, el maestro está preparado y a la expectativa para aplicar ilustraciones apropiadas. Tal vez caminando por la calle note algo que ilustra excelentemente la lección 5. Saca entonces su libreta (una libreta barata o cuaderno de hojas sueltas es mejor), y en una página escribe el título: "Lección 5"; en esta página anota la ilustración que desea usar.

Otro día, mientras lee el periódico quizá le impresione un incidente que proveerá un buen principio para la sexta lección; otra vez saca su libreta, escribe en otra página el título: "Lección 6", recorta el incidente del periódico y lo prende con alfiler en la página. O, mientras va al trabajo en el omnibus, se acuerda de alguna experiencia personal que seguramente ayudará a lograr el propósito de la lección once; eso lo anotará en un pedacito de papel, y al llegar a su casa lo anotará detalladamente. Todo esto es una manera de decir que el maestro alerta estará a la expectativa para el material de su lección como el diligente redactor está alerta de un buen argumento. Y una vez que se ha formado el hábito de "archivar", llegará a ser un medio de enriquecimiento para su propia enseñanza.

Capítulo diez

Usando la vista

Se dice que el 85% de nuestros conocimientos los percibimos por la vista. "El ver una cosa tiene cien veces más valor que oír de ella", dice un proverbio japonés. Y no hay duda de que una de las formas más impresionantes y eficaces de la enseñanza es llevar la verdad a la mente y al corazón mediante el ojo. En todos los países los objetos y fotografías proveen un lenguaje sencillo para adultos y niños. Captan la atención, retienen el interés y aclaran las cosas. Siendo ésta una verdad, es evidente que la enseñanza por la vía del ojo llegará a ser un medio importante de impartir verdades espirituales especialmente a los niños. Entre los muchos modos de llevar las verdades bíblicas al corazón mediante la vista hay dos que vamos a considerar:

1. La pizarra
2. Los objetos

EL USO DE LA PIZARRA

La siguiente experiencia tal vez parezca familiar a muchos maestros: "Tenía que soportar semana tras semana un grupo de niños que ni siquiera fingían estar interesados en lo que yo traté de enseñarles. Francamente se aburrían y parecía que la única manera de estar despiertos era molestando incesantemente, riéndose sin motivo o pasándose papelitos. Un año entero pasé por este tormento y los domingos llegaron a ser días de terror indecible. No importaba la treta que empleara o los juegos que usara, como quiera que fuese, no podía despertar en los niños ningún interés basado en las narraciones de la Biblia. Y fue entonces, casi accidentalmente, que di con la idea de dibujar mapas sencillos en la pizarra. Eran muy imperfectos, especialmente al principio. Solía garabatearlos apresuradamente mientras que hablaba a la clase, llenando el dibujo con colinas, arbolitos y flechas mientras que progresaba la lección. Pero su forma grotesca solamente hizo que fuera más interesante para los niños."

Otro maestro se quejaba: "Por alguna razón me era imposible captar la atención de aquellos muchachos. Fui aconsejado por el superintendente que probara el uso de pizarra y tiza en la clase." Después de poner en práctica el plan manifestó con entusiasmo: "No tuve ya la más mínima dificultad en obtener su atención y pienso usar ese plan otras veces." Más ejemplos se pudieran citar pero ya se ha dicho lo suficiente como para probar que la pizarra es una ventaja para el maestro.

¿Cómo usaremos la pizarra? ¿Escribiremos una serie de bosquejos o dibujaremos un diagrama antes de que vengan los alumnos a la clase? Esto produciría un resultado verdaderamente opuesto de lo que se intentó, por dos razones:

Primera, los alumnos estarían tan ocupados escudriñando la obra artística que prestarían poca atención a las palabras del maestro.

Segunda, tal preparación eliminaría los elementos de la novedad y sorpresa que son tan necesarios para estimular la curiosidad.

El uso de la pizarra debe ser libre y espontáneo, ilustrando el maestro las verdades de que habla. Por ejemplo, la lección es la historia del encuentro de Jesús con la samaritana. El maestro lee: *"Y le era necesario pasar por Samaria."* Se dirige a la pizarra y, hablando muy despacio, dice: "Los judíos tenían tanto prejuicio contra los samaritanos *(al mismo tiempo hace un boceto de Palestina, indicando a Judea, Samaria y Galilea)* por causa de una antigua reyerta, que ningún judío pasaba por Samaria *(la indica)*; sino pasaban por las afueras *(lo indica)*. Pero Jesús no conocía ningún prejuicio; todas las personas le parecían iguales. Por lo tanto salió de Jerusalén *(la indica)*, y pasó por la tierra *(la indica)* que los judíos consideraban inmunda."

Note el valor de todo esto para la comprensión de la lección. El alumno ha estado escuchando y viviendo la verdad al mismo tiempo. Y el hecho de que el maestro ilustra mientras habla estimula la curiosidad del alumno, porque algo nuevo está aconteciendo todo el tiempo.

Supongamos que el maestro está listo para hacer una sinopsis breve y atractiva. El le dice a la clase: "Muchachos, aquel campesino rico de que Jesús habló (Lucas 12:13-22) cometió tres grandes equivocaciones que quiero que cada uno de ustedes evite. ¡Miren! Voy a escribirlas en la pizarra." Y mientras los alumnos observan la pizarra, el maestro escribe:

1. Se confundió a sí mismo con Dios.
2. Confundió su cuerpo con su alma.
3. Confundió el tiempo con la eternidad.

Es muy probable que la clase se interese y se acuerde más del cuadro sinóptico que si el maestro solamente hubiera narrado la historia. También, será mucho más fácil retener la atención mientras que amplía estos tres puntos si constantemente señala las palabras en la pizarra. En verdad, es tan efectivo el dibujar en la pizarra para crear el interés, que un escritor de fama declaró que uno pudiera retener la atención de un auditorio solamente con acercarse a la pizarra, y pararse allí, con la tiza en la mano, mientras habla.

Señalemos otra forma de usar la pizarra. El maestro lee: *"Y entró Jesús en el templo de Dios, y echó fuera a todos los que vendían y compraban en el templo, y volcó las mesas de los cambistas, y las sillas de los que vendían palomas."*

"Muchachos — dice el maestro —, vamos a subir al tren *Expreso de la Tierra Santa* y visitar el templo en Jerusalén. Imagínense un edificio inmenso, cerca de treinta metros de altura y unos ochenticinco metros de superficie, hecho de piedra blanca, pura y abierto por puertas de bronce pulido, cerca de veinte metros de altura; imagínense algunas cubiertas con oro y joyas y piensen en el sol brillando sobre aquel edificio que estaba situado en la cuna de un monte. ¡Qué vista maravillosa! ¿No es verdad? Hagamos un plano del templo para que podamos conocer el lugar donde Jesús encontró a los buhoneros que profanaron el templo santo con sus gritos. Aquí están los límites del templo *(dibuje un cuadro grande)*. Vamos a dividir los distintos atrios. Esta línea que estoy dibujando señala el atrio de los gentiles. Ellos no podían pasar más allá del límite. En este espacio que estoy haciendo ahora está el atrio de las mujeres. Les estaba prohibido a las mujeres pasar más allá. Aquí está el atrio de Israel para los hombres; y por ahí *(dibujando todavía)* queda el atrio de los sacerdotes; y aquí está el gran altar del sacrificio, etc. Muchachos, fue en este lugar *(haciendo una cruz)*, el atrio de los gentiles, donde los cambistas y comerciantes negociaban. Esto fue un ejemplo malo para los extranjeros, ¿no es así?"

La pizarra puede ser útil para enseñar palabras nuevas y difíciles a la clase. Por ejemplo: "Creo que todos nosotros sabemos lo que quiere decir 'renacido'. Hay un nombre, algo largo, que se usa a veces para describir esta experiencia *(el maestro se acerca a la pizarra)*. Como, tal vez, lo podrán oír decir a un predicador, o lo leerán en algún libro, quiero que lo recuerden bien. Aquí está: Regeneración."

Solamente unos pocos ejemplos han sido dados de lo que se puede hacer; en realidad, no hay límite en lo que puede lograrse con el uso de la pizarra. ¿Cuántas veces debe ser usada la pizarra? Tan a menudo como sea posible, porque cuanto más se permite a los alumnos "ver" la lección, tanto mayor será su interés y mejor grabada quedará la lección en sus mentes, reteniéndola así largo tiempo.

Una interesante "Opinión de un Muchacho" respecto al valor de la pizarra llega a nosotros de uno que estaba bien familiarizado con la obra de la Escuela Dominical. El nos cuenta de un muchacho que dijo: "Yo me olvidé de lo que el superintendente dijo tocante al fin de la lección; pero nunca olvidaré la oración que leí en la pizarra."

EL USO DE OBJETOS

Los objetos tienen un doble valor:

Primero, se valen de los sentidos, estimulando así el interés.

Segundo, tienen un gran valor educativo por cuanto hacen más real el tema que la clase está considerando.

Hay dos clases de objetos: aquellos que reproducen algo que actualmente existe y aquellos que solamente simbolizan o sugieren alguna verdad espiritual.

Los siguientes son ejemplos de objetos simbólicos:

1. El maestro tiene deseo de impresionar a la clase para demostrar la importancia de la unión. El lleva un paquete de palitos, los cuales guarda cuidadosamente hasta que llegue el momento de usarlos (una precaución prudente). Declarando que la unión hace la fuerza, él muestra el paquete de palitos y pide a los alumnos que lo observen. Entonces, él trata de romper el paquete afirmándolo en sus rodillas, pero fracasa. Trabaja duramente y, después de pensar un minuto, corta la cuerda que liga los palitos, y los rompe apoyándolos en su rodilla uno a uno. Tal ilustración habla por sí sola.

2. Un lirio y un bulbo se pueden usar apropiadamente para ilustrar la resurrección.

3. Para prevenir a la clase contra influencias malas, el maestro puede llevar a la clase un palito carbonizado; lo toma en sus manos, les muestra entonces las manos ennegrecidas y pregunta: "¿Podemos tomar en la mano madera carbonizada sin ensuciarnos? ¿Pode-

mos reunirnos con compañeros malos sin llegar a ser malos?"
4. La cicatriz dejada por el pecado puede ser ilustrada clavando clavos en una tabla. Cada clavo representará un pecado. Los clavos entonces se quitan, representando el arrepentimiento y el perdón; llamando siempre la atención hacia el hecho de que aunque los clavos fueron quitados, los huecos quedan todavía. El maestro puede explicar que los pecados, aunque perdonados, pueden dejar sus cicatrices en nuestra vida. Por lo tanto es prudente no arriesgarse.
5. Para ilustrar la fuerza del hábito el maestro puede atar las muñecas de un alumno con un hilo. Por supuesto, fácilmente, el alumno lo romperá. Entonces se pasa el hilo, dos, tres, y aun cuatro veces, y todavía puede romperlo. Pero luego el maestro lo ata varias veces, hasta que el alumno no puede romper estos hilos. "De esta manera —explica el maestro—, los pecados chiquitos cometidos muchas veces llegan a ser pecados grandes y nos hacen esclavos."

Los siguientes son objetos que representan cosas presentes tangibles:

- un modelo del Tabernáculo en el Desierto o del Templo de Salomón;
- un modelo de una casa en los tiempos de Cristo;
- un modelito de los pergaminos de la ley usados en la sinagoga;
- monedas romanas y griegas, etc.

En esta misma clase pudiéramos mencionar el uso de fotografías, que también son de gran valor como un medio de interesar a los alumnos, haciendo verdaderas las escenas bíblicas e inspirándoles, con la belleza de verdades espirituales. Una palabra, como medio de precaución, cabe aquí cuando nos referimos a los objetos. Puede echarse a perder una clase de niños con los objetos si no tomamos precauciones, porque pueden estar pidiendo siempre algún espectáculo. Como ejemplo extremo: un maestro, tratando de ilustrar, con fuegos artificiales, la caída de las estrellas que ocurrirá a la llegada de Cristo; pudiera resultar que los niños continuamente estuvieran pidiendo "más fuegos artificiales".

Este aviso de precaución no es necesario al dibujar en la pizarra, por dos razones:

Primera, la pizarra ofrece una manera natural de presentar la lección a la vista de los alumnos, mientras que hay peligro en los objetos escogidos impropiamente, pues pueden dar al niño una idea errónea de la verdad.

Segunda, si el maestro ha dominado la lección, no se hallará escaso de material para las ilustraciones en la pizarra, dado que sería algo difícil mantener a la clase interesada cada semana con nuevos objetos.

Capítulo once

Narración de historias

Bien se ha dicho que "de todas las cosas que el maestro debe saber la más importante, sin excepción, es saber narrar historias". La razón de esta opinión es que la narración de historias es una de las formas más vitales, interesantes y efectivas de presentar la verdad espiritual. Y "la verdad convincentemente representada es la fuerza más poderosa que el mundo jamás ha conocido", declara un maestro con años de experiencia en la narración de historias. Esto es sin disputa la verdad tocante a los niños. Las influencias recibidas durante los primeros cinco o seis años de la vida de un niño son las más potentes para formar los ideales y actividades que en cualquier otro tiempo de su vida; y por medio de historias bien narradas, los intereses, inclinaciones y emociones del niño pueden ser encauzados para responder a lo que es bueno y bello y reaccionar contra lo que es malo y feo. Conmovidos por el interés de la historia, los niños, sean buenos o malos, se convierten en oyentes reverentes y, a medida que se despierta su compasión o su aversión por la representación de varias escenas y personajes, ellos pueden ser guiados a amar la rectitud y a odiar el pecado, con la misma seguridad con que se puede enseñar la tabla de multiplicar. En todos los países y en todos los siglos, grande ha sido el poder de la historia para formar el carácter, imprimir los ideales, crear actitudes y enseñar reglas positivas. Por lo tanto, la habilidad con que se narren las historias inspiradas de la Biblia es la fuerza más poderosa en el mundo para atraer a las personas hacia Dios y a la rectitud.

* Los adultos también responden al llamado de la historia. Las casas editoras están produciendo novelas a millares, respondiendo a las constantes demandas. Algunas de esas historias tienen valor, otras no tienen ninguno y otras son muy dañinas. Esta demanda es una prueba de que a las personas mayores les gustan también las historias. Siendo éste el caso, el maestro prudente utilizará la historia para los más altos propósitos: trasmitir la verdad espiritual. Es inestimable como medio para obtener la atención. Una congregación puede llegar a estar distraída y soñolienta bajo una discusión doctrinal, pero deje al predicador detenerse en su exposición y empezar a contar una historia y los oyentes casi dormidos despertarán con la boca abierta.

¿QUE ES UNA HISTORIA?

La historia ha sido definida como "la narración de hechos relacionados y ya ocurridos; una descripción de hechos pasados". Pero la clase de historia que nosotros tenemos en mente para la obra de la Escuela Dominical es más que eso, porque puede ser posible, por ejemplo, que declaremos el hecho de que la noche anterior fue robada una bicicleta del patio del templo, sin que le interese eso al grupo de niños que nos escucha.

La historia que por su enseñanza tiene valor debe despertar emociones, incitar el interés y así grabar la verdad en la mente y en el corazón. Es una "fotografía" que puede despertar interés y sentimiento intenso. Una buena manera de definir la clase de historia que tiene valor, por su enseñanza, es demostrando su éxito. Una buena historia:

1. Despierta el interés.
2. Inspira simpatía.
3. Reproduce la realidad.
4. Influye en la conducta.

I. La historia despierta el interés al influir en las emociones.

El valor supremo de la historia está en su poder para crear interés y para producir placer. El oyente se conmueve por los personajes y las escenas, y sus sentimientos son tocados por lo que es hecho o dicho; mientras que, sin embargo, las lecciones prácticas representadas por aquellos personajes y escenas están grabadas en su mente y corazón. Así el valor de la historia es indirecto; porque mientras que el alumno es fascinado por el interés y observa el desarrollo de la trama; bien admirando o desaprobando la actitud de los distintos personajes descritos, la lección moral se va introduciendo por medio de una puerta posterior de la mente, por decir así, y antes de que el alumno se dé cuenta ha sido ya influenciado.

Natán usó este método para hacer sentir sobre la conciencia de David la culpa de su doble crimen (2 Samuel 12:1-7). El profeta no empezó regañando directamente, porque era muy probable que el rey se hubiera preparado con una barrera de argumentos y excusas plausibles. Pero Natán empleó el método indirecto de conquistar la atención del rey y despertar su interés contándole una historia. Con la intención aparente de traer ante David un caso judicial, él relató el incidente siguiente:

"Había dos hombres en una ciudad; el uno rico, y el otro pobre. El hombre rico tenía numerosas ovejas y vacas; pero el hombre pobre no tenía nada, sino una cordera chiquita que había comprado y criado, y había crecido juntamente con él y sus hijos; comiendo de su bocado, bebiendo de su vaso y durmiendo en su seno: y la tenía como a una hija. Vino un viajero al hombre rico; y él no quiso tomar de sus ovejas y de sus vacas, para guisar al viajero que había venido, sino que tomó la oveja de aquel hombre pobre, y la aderezó para aquel que había venido."

Note lo que aconteció. El interés de David se despertó inmediatamente y su corazón se conmovió. Sintió gran lástima, que tal vez trajo lágrimas a sus ojos, por aquel hombre pobre a quien le habían robado su oveja favorita. Contra el cruel hombre rico, él sintió una indignación vehemente y declaró que era digno de muerte, y que debía pagar la cordera con cuatro tantos.

Hasta este punto el rey no se había dado cuenta de que la historia describía su propio pecado. Todavía no se había dado cuenta del hecho, pues él sentía lástima por el hombre a quien él mismo había hecho daño, y realmente estaba pronunciando su propia condenación. La historia había producido el efecto deseado, y se necesitaron solamente cuatro palabras para aplicar la lección a la conciencia de David y hacerle bajar hasta el polvo del arrepentimiento: "Tú eres aquel hombre."

II. El despertar interés crea simpatía.

Las historias influyen en la actividad humana porque tocan al corazón y hacen a las personas sentir con los personajes cuyos hechos desarrollan la historia. El oyente es movido a admirar la rectitud, a simpatizar con el misericordioso y a detestar el pecado. Por el momento el alumno se olvida de sí mismo, y empieza a pensar y a sentir con los personajes de la historia. El corazón humano está lleno de emociones. Por medio de las historias de la Biblia estas emociones pueden alistarse del lado de Dios y de la rectitud e incitarlas contra el diablo y contra todo lo malo.

Un día el Señor Jesús se enfrentó con los líderes judíos, hombres descendientes de aquellos que apedrearon a los profetas y cuyos corazones estaban llenos de odio y crueldad contra su Mesías. Para hacerles sentir que ellos estaban en este caso, y así obligarles a pronunciar, inconscientemente, su propia condenación, les relató la siguiente historia en Mateo 21:33-40.

> Hubo un hombre, padre de familia, el cual plantó una viña, la cercó de vallado, cavó en ella un lagar, edificó una torre, y la arrendó a unos labradores, y se fue lejos.
>
> Y cuando se acercó el tiempo de los frutos, envió sus siervos a los labradores, para que recibiesen sus frutos.
>
> Mas los labradores, tomando a los siervos, a uno golpearon, a otro mataron, y a otro apedrearon.
>
> Envió de nuevo otros siervos, más que

> los primeros; e hicieron con ellos de la misma manera.
>
> Finalmente les envió su hijo, diciendo: Tendrán respeto a mi hijo.
>
> Mas los labradores, cuando vieron al hijo, dijeron entre sí: Este es el heredero; venid, matémosle, y apoderémonos de su heredad.
>
> Y tomándole, le echaron fuera de la viña, y le mataron.
>
> Cuando venga, pues, el señor de la viña, ¿qué hará a aquellos labradores?

Su interés en la historia llegó a ser tan grande que por un momento ellos olvidaron su animosidad y escucharon atentamente; pero más que eso, ellos se identificaron con los personajes del relato. Podemos imaginarnos a uno de los sacerdotes, el que era también propietario, diciéndose sí mismo: "¡Pícaros ingratos! No solamente rehusaron pagar el alquiler sino maltrataron y asesinaron a los cobradores. Yo nunca hubiera soportado tanto a aquellos malos inquilinos como aquel paciente dueño. A la primera manifestación de violencia hubiera llevado a un destacamento de soldados romanos a aquella finca, y unos azotes fuertes y un tiempo en una mazmorra les hubiera enseñado a aquellos campesinos mejores costumbres."

También, pudiéramos imaginarnos los pensamientos de uno de los fariseos: "¡Si pudiera imaginar un ejemplo peor que éste de impía violación de la obligación solemne! ¡Seguramente la justicia divina demandaría la muerte de aquellos villanos y asesinos!"

Su respuesta a la pregunta que Cristo les hizo

en el versículo 41, indica que ellos fueron conmovidos: *"Le dijeron (los líderes judíos a Jesús):* ***A los malos destruirá sin misericordia, y arrendará su viña a otros labradores, que le paguen el fruto a su tiempo."*** En verdad, ellos habían pronunciado su propia condenación y se necesitaron solamente unas cuantas palabras adicionales para conocerla. *"**Por tanto os digo, que el reino de Dios** (simbolizado por la viña) **será quitado de vosotros,** (líderes religiosos) **y será dado a gente** (una nueva nación escogida, la Iglesia) **que produzca los frutos de él."*** Sin darse cuenta, aquellos líderes religiosos habían dado a conocer que ellos, los descendientes de los perseguidores de los profetas, fueron, de intención, los asesinos del Mesías, El Hijo de Dios.

Si narrando una historia se pudo conmover a los que fueron enemigos de Cristo, ¡cuánto más incitará e influirá a aquellos, especialmente a los niños, cuyos corazones son obedientes a El!

III. La historia reproduce la realidad despertando los sentimientos.

Las historias hacen real la enseñanza espiritual porque ellas presentan los principios morales y espirituales en acción. Un día un abogado preguntó a Jesús: "¿Quién es mi prójimo?" Leyendo entre líneas nos inclinamos a creer que este maestro de la ley tal vez fuera culpable de alguna conducta desfavorable hacia alguno de otra nacionalidad o clase social, porque detrás de su pregunta se veía el deseo de "justificarse a sí mismo".

Por supuesto, Jesús pudiera haber contestado la pregunta en pocas palabras, diciéndole al hombre que la misma pregunta hacía entender la falta del espíritu de hermandad. Pero como Maestro hábil que era, Él empleó la historia del buen samaritano para demostrar el espíritu de hermandad y no de discordia en acción. En el hombre que fue brutalmente golpeado por los ladrones, el abogado vio una reproducción y una imagen vívida de la humanidad necesitada, y en la indiferencia endurecida del sacerdote y del levita debía haber visto su propia falta de compasión, y al mismo tiempo en el samaritano bondadoso vio la imagen vívida del verdadero prójimo. Aquel samaritano que representaba la hermandad en acción, fue la respuesta a la pregunta del abogado. El entendió, porque cuando Cristo preguntó: "¿Quién, pues, de estos tres te parece que fue el prójimo de aquél que cayó en manos de los ladrones?", él contestó: "El que usó con él de misericordia." El había recibido más que un conocimiento intelectual del tema; él había visto y sentido la clase de hombre que él debía ser.

IV. Inspirada en la realidad la historia influye en la conducta.

Cuando las verdades se hacen reales, por ser acentuadas en los personajes de la historia, el resultado es una sensación de la realidad que tiende a hacer que aquellas verdades actúen en la conducta del alumno. Cuando se ponen en actividad sus emociones haciéndoles sentir respeto o desprecio por las acciones realizadas por los individuos mencionados en la historia, aquellas acciones influirán poderosamente en ellos. Observando que el abogado había sido conmovido por la historia del buen samaritano, el Señor Jesús le dijo: *"Vé, y haz tú lo mismo."*

COMO NARRAR UNA HISTORIA

Para narrar una historia eficazmente tenemos que:

Conocerla
Verla
Sentirla

I. El maestro debe conocer la historia.

El maestro no puede hacer una descripción vívida de las escenas de la historia y tener preparado un cúmulo de palabras para describir una escena sobre el lienzo de la vista del alumno sin antes haber dominado completamente la materia o tema de la historia. Para dominar una historia, las siguientes sugerencias pueden ser muy útiles:

Prepare y practique la historia. Esto envolverá gran trabajo; la inspiración vendrá luego cuando el maestro se enfrenta con la clase. No es necesario que la historia sea aprendida de memoria, palabra por palabra, pero sí es esencial que el narrador de la historia tenga una clara visión mental de cada escena, de sus personajes principales, de sus costumbres y de sus conversaciones.

Simplifique la historia. Elimine los detalles inútiles, incidentes insignificantes y personajes menores que puedan impedir el suave y ordenado desarrollo de la trama principal o del incidente. La señora Katherine Dunlap Cather, que ha narrado muchas historias a los niños, nos ha dado el siguiente ejemplo de una historia bíblica bien narrada.

¿Cómo usó David su arpa?

Entre las colinas resolanas de Belén, David, el muchacho pastor, pastoreaba sus ovejas. Era un buen pastor, guiaba el rebaño a pastos verdes y aguas tranquilas, vigilando siempre que ningún daño les ocurriera. Algunas veces cantaba himnos cuando seguía a las ovejas por el declive y otras veces cantaba mientras tocaba el arpa, que se oía hasta el otro lado de la colina.

En el mismo país vivía un rey cuyo nombre era Saúl. El rey Saúl era muy desdichado. Había estado enfermo durante mucho tiempo, y nada de lo que los médicos y los hombres sabios de la tierra hacían por él, lo mejoraba. El se había olvidado hasta de sonreír, y debido a sus pensamientos tristes y sombríos que tenía siempre, hondas arrugas surcaban su rostro.

Un día algunos hombres sabios se preguntaron si quizás la música le pondría bien otra vez. Dijeron al rey lo que ellos habían pensado, y él dijo:

— Busquen a uno que toque el arpa y tráiganlo.

— Hay un pastor de Belén que toca hábilmente — dijo uno de ellos —. Es robusto, amable y bien parecido. Es hijo de Isaí y se llama David.

Mandaron un mensajero a buscarle y mientras David iba de aquí para allá con su blanco rebaño, acariciando las ovejuelas mansas y vigilando que las ovejas no se desviaran por lugares peligrosos, le llegó el recado del rey. Su padre le dio pan y otras cosas buenas como un regalo al rey Saúl. Entonces emprendió su viaje.

Cuando llegó a la presencia del rey, empezó a tocar. Tocó un canto que él había compuesto para las ovejas al anochecer, cuando las sombras oscurecían las colinas y él llevaba las ovejas al rebaño. Luego tocó una tonada que los grillos, las codornices y las liebres se paraban para oír, y también tocó los cantos que los campesinos cantaban mientras cosechaban y cuando se divertían en las bodas. La música le gustó tanto al rey que empezó a sonreírse; olvidó los pensamientos tristes y se sintió mucho mejor, y muy pronto se restableció de su mal. Era ahora un rey muy feliz. Y David era feliz también. Estaba contento al pensar que él había ayudado a esta mejoría con su arpa y sus cantos.

Después de esto, cada vez que Saúl se enfermaba o estaba en dificultades, David tocaba y cantaba para él y lo alegraba. Poco a poco David mismo llegó a ser rey de Israel, y escribió para nosotros muchos salmos bellos.

Al relatar una historia, se debe guardar un orden lógico en los incidentes, porque nada echa a perder una historia tanto como la falta de memoria del narrador, al detenerse y exclamar: "Oh, me olvidé de decirles que . . ."

Una sinopsis será una ayuda para recordar el orden de los acontecimientos. Por ejemplo, notemos cuidadosamente la siguiente sinopsis de la historia del diluvio, dada según la señora Cather:

- Una raza de hombres poderosos; todos llegaron a ser malos mientras que crecían en fuerza, sólo quedó Noé.

- La maldad de ellos agravó a Dios, quien resolvió destruirlos; y mandó a Noé a edificar un arca.
- Noé edificó el arca; él, su familia y los animales entraron en ella.
- El diluvio.
- Menguó la tempestad; Noé dejó salir al cuervo y a la paloma; vuelve la paloma.
- La suelta por segunda vez; vuelve con hoja de olivo.
- Noé quita la cubierta del arca; sale con su familia y los animales todos.
- Edifica un altar al Señor.

Retenga tanto como le sea posible en su mente las conversaciones exactas y las palabras usadas por los distintos personajes, porque es mejor usar la primera persona que la tercera. Lea la historia de Jesús cambiando el agua en vino, y note qué insípida le parecería si toda conversación directa fuera eliminada y fuera la indirecta. Por ejemplo, compare las siguientes declaraciones: "Su madre les dijo a los siervos que hicieran cualquier cosa que él les dijera", con ésta: "Su madre dijo a los que servían: Haced todo lo que os dijere."

II. El maestro debe ver la historia.

No solamente debe la historia estar en la memoria del maestro sino también en su imaginación, porque así solamente se puede despertar la imaginación de los demás. Por ejemplo, el tema de la lección es la historia de Zaqueo. Mientras que el maestro habla los alumnos se olvidan que ellos están en su propio país, y se encuentran en un camino caluroso y polvoriento de la Palestina. Mientras caminan bajo un sol abrasador, les atrae una multitud. Ellos ven varias clases de personas: los arrogantes saduceos, vestidos de blanco, mirando con desprecio; los santurrones fariseos, con su chal de oración y filacterias, buscando algo que criticar; el limosnero andrajoso que arrastra los pies pidiendo limosnas; el publicano con su mirada astuta y sospechosa; un soldado romano vestido de armadura resplandeciente. En el centro de la multitud está Cristo hablando con los discípulos, y rodeado por un grupo de entusiastas que creen que El va a Jerusalén para establecer su reino. Entonces, mientras la historia sigue, la atención de los alumnos se lleva a un hombrecito llamado Zaqueo, parado en puntillas, yendo de un lado a otro tratando, en vano, de ver al gran Rabí. Empujado y molestado por la multitud que no le gusta la audacia de aquel "apóstata publicano", Zaqueo de repente corre adelante, ágilmente sube a un árbol, y desde este punto ventajoso, él mira, con ojos anhelantes, a la multitud allá abajo. ¡Por fin ve a Jesús! ¿Pero le verá Jesús a él ...? Y sigue la historia. Así procede el maestro para hacer ver a sus oyentes las distintas escenas y personajes de la historia; pero primeramente, él mismo tiene que verlas.

III. El maestro debe sentir la historia.

Es inútil que el maestro cuente una historia que él mismo no aprecia o no le gusta. Es necesario que él sea conmovido y emocionado por lo que ve, para que "el desbordamiento del corazón riegue los lugares secos de otros corazones". Su propia imaginación y emociones tienen que estar despiertas si él quiere despertar las emociones en otros, para que vean y sientan las escenas por sí mismos. Y cuando el maestro mismo se conmueve por las escenas y personajes de la historia que él está describiendo, no tendrá que preocuparse de acciones apropiadas, expresiones o elocuencia porque *"de la abundancia del corazón habla la boca."*

Capítulo doce

Impresiones y expresiones

En el capítulo dos aprendimos que uno de los principios fundamentales de la enseñanza es la actividad propia, es decir, obligar al alumno a expresarse de alguna manera, haciéndole pensar y actuar. Es un hecho que diez minutos de trabajo realizado por la clase es mucho mejor que una hora de trabajo hecho por el maestro.

Amos R. Wells ilustra esta verdad en la forma siguiente: "Hay cierta clase de maestros que se ponen delante de la clase y disparan el fusil al blanco. La otra clase de maestros son los que usan al alumno como el fusil y solamente aprietan el gatillo. Por supuesto, los alumnos ya están cargados de tentaciones, tribulaciones, necesidades, curiosidades e informaciones derivadas del estudio de la lección. Despertando el interés, el maestro suple la pólvora y el fulminante; por el uso de preguntas hábiles él aprieta el gatillo."

Esto es simplemente una manera sencilla de decir que el mejor maestro es el que enseña a los alumnos a enseñarse a sí mismos. Es evidente, por lo tanto, que no hay aprendizaje sin actividad mental de parte del alumno. Y para asegurar la actividad mental, el alumno tiene que ser guiado de alguna manera para expresar su resultado.

Hay dos pasos principales en el proceso del aprendizaje: Primero, la impresión representada por la lectura, estudio de la lección y las observaciones del maestro; segundo, la expresión, por la cual el alumno emite los resultados de su propia meditación o labor intelectual. Es la expresión lo que completa el proceso del aprendizaje y da al alumno la posesión de la verdad, porque solamente lo que expresamos es verdaderamente nuestro. Al enseñar, la impresión debe ser seguida de la expresión. Consideremos tres ilustraciones que sostienen esta verdad.

El principio es la verdad en el reino espiritual. Los líderes espirituales sabios piden que los nuevos convertidos expresen su reciente experiencia espiritual en alguna forma de servicio: testimonio, trabajo personal, etc. ¿Por qué? Porque la vida que no se manifiesta, muere. Perdemos lo que no practicamos. *"Si sabéis estas cosas —* declaró Jesús —, *bienaventurados seréis, si las hiciereis."*

Los maestros mismos han experimentado la gran verdad que ciertamente aprendemos haciendo. El maestro de la Escuela Dominical se esfuerza por preparar bien su material y llega a la clase con el corazón y su mente llenos de verdad y emoción. Pero él verdaderamente no aprende la lección hasta que él la ha enseñando o la ha expresado. Porque por el mismo hecho de enseñar las verdades, que tal vez eran inciertas y sin forma, han tomado forma mientras que han pasado de una mente a otra; los hechos que parecían algo secos se han encendido con fuego divino mientras que pasaban de corazón a corazón. Y muchas veces el maestro sale de la clase emocionado por el poder de la verdad que él aprendió mientras enseñaba a los otros.

Digamos que dos muchachos se pusieran a estudiar los planes y descripción detallada del Tabernáculo como está en Exodo 25 a 40. Un muchacho lee los capítulos y los domina intelectualmente. El otro estudia los mismos capítulos y entonces construye un modelo del Tabernáculo. ¿Cuál de los dos conocerá más del Tabernáculo, y cuál verdaderamente poseerá ese conocimiento? El que construyó el Tabernáculo, por supuesto, porque solamente aquello que podemos crear por nuestra propia actividad es lo que verdaderamente poseemos. En un sentido general, todas las veces que el alumno se expresa a sí mismo en alguna forma tocante a la lección, él está ocupado en una actividad creativa.

¿Cómo pueden los alumnos expresarse a sí mismos? Cada departamento de la Escuela Dominical tiene su forma de expresión. Con los Principiantes, es en forma de juego o alguna actividad física; con los Primarios es en forma de dibujo con creyón o tiza, recortando siluetas o representando la historia; los Intermedios hallarán su forma de expresarse con trabajo manual, obra escrita, construcción de objetos, y obra recordatoria; en los departamentos de los jóvenes y adultos, las asignaturas y obra de investigación proveerán la manera de propia expresión.

En nuestro próximo capítulo hablaremos de uno de los medios más eficaces para obtener la expresión: el hacer preguntas.

Capítulo trece

Enseñando por medio de preguntas

Hace centenares de años que un sabio dijo: "Una pregunta sagaz es la mitad del conocimiento." Esta declaración es verdad hoy también: buenas preguntas proporcionan buena enseñanza, y un buen interrogador, generalmente es un buen maestro. En verdad, la pregunta es el instrumento más útil y eficaz. Las preguntas son valiosas porque obligan a los estudiantes a expresarse, y así completan el proceso del aprendizaje. Puede ser que el alumno haya estudiado la lección y haya oído la explicación del maestro. Esto ha hecho una impresión. Su mente está llena de pensamientos, sentimientos y problemas que se relacionan con esa impresión. Pero estas ideas no están formadas cabalmente en su mente; son vagas y están en desorden.

El uso de una pregunta bien hecha por el maestro pone a funcionar las ruedas de la mente del alumno. Le obliga a expresarse a sí mismo y en esta expresión, lo que él ha estudiado, se aclara; la niebla y la confusión desaparecen y él se dice a sí mismo: "Bueno, esto está claro; ¿porqué no pensé en ello antes?" Se alegra y se sorprende de lo que sale de su propia mente.

Para producir este efecto, las preguntas tienen que ser hábiles y cuidadosamente preparadas. Por lo tanto consideraremos los requisitos principales para formular las preguntas, y daremos algunas reglas para lograr estos propósitos.

Las preguntas se usan para lograr los siguientes resultados:

1. Desarrollar la lección.
2. Aclarar la lección.
3. Hacer pensar al estudiante.
4. Poner énfasis en las verdades importantes.
5. Mantener ocupada a la clase.

I. Desarrolle la lección.

Como la lección debe ser enseñada en una forma ordenada, las preguntas han de ser preparadas en un orden lógico. Las preguntas del manual son para provecho del maestro, más bien que para el alumno. Empiece con preguntas sencillas para animar al alumno.

II. Aclare la lección.

Si las preguntas han de aclarar el significado, no deben hacerse de tal manera que confundan a los alumnos, como resulta en las siguientes preguntas:

Preguntas compuestas. Por ejemplo: "¿Quién dijo qué, y por qué lo dijo cuando él casi se ahogó en la mar de Galilea?" (Véase Mateo 14:28). Aquí hay en realidad tres preguntas: (1) ¿Quién habló? (2) ¿Qué dijo? (3) ¿Por qué lo dijo?

Preguntas que contienen palabras técnicas. Uno de los principios fundamentales de la enseñanza es que la verdad tiene que ser adaptada a la inteligencia del alumno. Por lo tanto a un grupo de jóvenes no se les debe dirigir la palabra con una pregunta como la siguiente: "¿Fue premeditada la apostasía de Judas?" La Biblia fue escrita en el lenguaje del pueblo; y el Señor dijo: "Pastorea mis ovejas"; no dijo: "Pastorea mis jirafas."

Preguntas que tienen más de un sentido. Un maestro le preguntó a un niño: "¿Qué debe hacerse antes que nuestros pecados sean perdonados?" El niño contestó: "Tenemos que pecar primero." La respuesta fue correcta en el sentido de que fue comprendida la pregunta. Una manera mejor de hacer la pregunta hubiera sido como sigue: "Si hemos pecado, ¿qué tenemos que hacer para ser perdonados?" Otra pregunta que pudiera recibir varias respuestas: "¿Quién era Pilato?" Un romano, un gobernador, el que condenó Jesús a ser crucificado; un juez. Esta pregunta se pudiera aclarar preguntando: "¿Cuál era la nacionalidad de Pilato? ¿Cuál era su posición oficial? ¿Cuál era su actitud hacia los líderes judíos? ¿Cuál era su actitud hacia Jesús?"

Preguntas vagas, como la siguiente: "¿Qué acontece cuando pecamos?", podría ser hecha más definida, preguntando: "¿Cuál es el efecto en la conciencia cuando una persona peca?"

Preguntas que provocan discusiones, como la siguiente: "¿Por qué estaba Pablo el apóstol, fuera de la voluntad de Dios cuando fue a Jerusalén después de su tercer viaje misionero?" Eso provocaría una discusión: "Pero . . . ¿estaba él fuera de la voluntad de Dios?"

Preguntas largas. Por ejemplo, aquellas largas oraciones alemanas en las cuales, como un escritor ha dicho, se puede viajar todo el día sin cambiar de vagón. De este tipo de pregunta, la siguiente es un ejemplo: "¿Piensan ustedes que en los días del gran rey, el cual, celoso rey, que siempre sospechaba que alguien aspiraba el trono (el hecho es que asesinó a su propia esposa e hijo) hubiera sido prudente que alguien anunciara el nacimiento de un rey (especialmente como ellos no lo habían hecho en secreto, sin divulgar noticias por toda la ciudad) y exponerse ellos mismos, y al Niño Divino a la crueldad de este hombre, que era tan cruel, que sabiendo que los judíos se regocijarían del anuncio de su muerte, mandó a encarcelar a unos hombres prominentes en Jericó para que fueran asesinados después de su muerte, así que la nación tuviera ocasión de sentir su muerte?" Esta no es una pregunta sino una disertación.

Para resumir: Las preguntas no deben confundir, sino que deben ser claras y precisas. No deben oscurecer el tema, sino verter luz sobre el terreno que ha de ser atravesado. No es que las preguntas deben revelar las respuestas y así evitar que piense el alumno; sino que los alumnos por lo menos deben saber lo que las preguntas quieren expresar.

III. Haga pensar al alumno.

"Nunca diga al alumno lo que él puede decirle a usted", es axioma viejo de la enseñanza. En otras palabras: "Dé la menor cantidad de información como pueda y exija tanta información como le sea posible." El propósito de la recitación no es para ayudar al maestro haciendo que el alumno repita las mismas palabras que oyó en su profesor.

Cuando el campesino lleva el grano para ser molido, él no espera recibirlo en la misma forma en que lo llevó; espera encontrarlo molido. El maestro da el grano de la verdad, para que pase por el molino de la meditación del alumno y que salga molido, por decirlo así.

Para estar seguro de que el alumno verdaderamente está pensando, es mejor evitar los siguientes tipos de preguntas:

Preguntas que sugieren la respuesta. Por ejemplo, la pregunta: "¿Qué deben confesar las personas?", verdaderamente se contesta a sí misma.

Preguntas que se pueden contestar con un "sí" o un "no". Tales respuestas pueden ser solamente un asunto de conjetura. En cualquier caso, no dan señal ninguna de que el alumno verdaderamente ha meditado o pensado. Marion Lawrence nos dice: "Los alumnos son bastante listos para dar la respuesta que el maestro quiere, hasta llegar al ridículo. Por ejemplo, en mi propia escuela, en una ocasión, nuestro pastor usó este experimento. Le preguntó a toda la clase con bastante rapidez de la siguiente manera:

—Alumnos, ¿piensan que debemos asistir regularmente?

—Sí, pastor.

—¿Piensan que debemos ser puntuales el domingo por la mañana?

—Sí, pastor.

—¿Piensan que debemos estudiar nuestras lecciones en casa?

—Sí, pastor.

—¿Piensan que debemos traer una ofrenda cada domingo?

—Sí, pastor.

—¿Piensan que debo terminar de hablarles ahora?

—Sí, pastor."

Preguntas hechas y contestadas con las mismas palabras de la lección. Se debe exigir del alumno, que conteste en sus propias palabras, porque puede ser que él conozca las palabras de una respuesta sin tener la más mínima idea de su significado.

Joshua Fitch, un educador famoso, insiste en que el alumno no use el lenguaje de las Escrituras en sus respuestas, sino que conteste la pregunta con sus propias palabras. El da la siguiente ilustración tomada de Lucas 10:30.

¿De quién trata esta parábola? *De cierto hombre.*
¿De dónde salió? *De Jerusalén.*
¿A dónde iba? *A Jericó.*
¿Entre qué clase de personas cayó? *Entre ladrones.*
¿Qué hicieron con su ropa? *Se la quitaron.*
¿Qué hicieron con el hombre mismo? *Le hirieron.*
¿En qué estado le dejaron? *Medio muerto.*

Observe cómo el maestro abarcó todo el tema de la narración e hizo una pregunta sobre cada hecho; hasta aquí ha seguido bien.

Pero note que cada pregunta fue hecha lo más semejante posible a las palabras de la Biblia, y requirió para la respuesta una (por lo general una) de aquellas palabras. Es muy fácil para un muchacho o muchacha, mientras los ecos de la narración bíblica están en sus oídos, contestar cada pregunta mecánicamente, sin ningún esfuerzo de la memoria, y ninguna meditación.

Vamos a repasar el mismo tema de nuevo, primeramente presentándolo con una o dos preguntas de introducción, por ejemplo:

¿Quién usó estas palabras? ¿A quién fueron dichas? ¿Por qué fueron dichas? *Repita la pregunta que hizo el abogado.*

¿De qué trata la parábola? *De un hombre que hizo un viaje.*

¿Cómo se llama el que hace un viaje? *Un viajero.*

¿En qué país viajaba el hombre? *En Judea.*

Sigamos su ruta en el mapa. ¿En qué dirección viajaba? *Hacia el este.*

¿A través de qué clase de región viajaba? *(El maestro suministrará los hechos tocante a los aspectos físicos.)*

¿Cómo suponen que era la condición del país en aquel tiempo? *Ligeramente poblado; el camino solitario.*

¿Cómo lo saben? *Porque él cayó entre ladrones.*

Dé otra palabra para "ladrones". *Asaltantes.*

¿Cómo trataron los asaltantes a este viajero? *Le quitaron su ropa.*

¿Qué más le hicieron? *Le hirieron. Lo maltrataron mucho.*

¿Cómo se sabe, del texto, que lo maltrataron mucho? *Porque lo dejaron medio muerto. Casi lo mataron.*

Observe aquí que el propósito ha sido doble. Primero, no sugerir la respuesta por la forma de la pregunta. Por esto los niños tuvieron que interpretar el lenguaje bíblico según la vida actual. Segundo, no conformarse con palabras ajenas a las respuestas, especialmente con la palabra especial que se encuentra en la narración misma, sino siempre traducirla por una que sea más conocida y más sencilla.

El principio de obligar a los alumnos a usar sus propias palabras cuando hablan o contestan, se ilustra más en el caso siguiente, relatado por W. P. Spilman, en el cual un muchacho narra la historia de la lección con sus propias palabras.

Fue en las montañas de Wyoming, algunos kilómetros al norte de Laramie. Pidieron a un visitante que le diera la clase a los niños cuyas edades variaban de siete a diez años. La lección del domingo anterior había sido la del buen samaritano.

Dijo el maestro: "¿Cuál de ustedes, muchachos, me puede contar la lección del domingo pasado?" Varias manos fueron levantadas. "Cuéntanos todo lo que recuerdas", dijo el maestro a un muchacho.

"Bueno señor — dijo el muchacho —, la lección del domingo pasado fue sobre un asalto en el desfiladero de Jericó. Había un hombre viajando y un grupo de villanos lo alcanzaron y le dieron duro y casi lo mataron. Lo registraron buscando su dinero y huyeron. Entonces pasó un doctor. El dijo:

— A éste no lo curo yo.

Y siguió. Luego pasó por allí un predicador. El miró al hombre y dijo:

— Este no es de mi parroquia.

Y siguió. Entonces llegó un gaucho en su caballo. Se desmontó y dijo:

— Este hombre está herido.

Entonces lo sentó en su caballo, y lo llevó a un hospedaje y le dijo al hombre:

— Mire, a este viajero le dieron duro en el camino del desfiladero y está herido. Cuídelo. Es compañero mío y aquí está mi bolsa, y si le hace falta más, cuando vuelva de la estancia, le daré lo que falta."

Vemos que el lenguaje en que fue relatada esta parábola quizá no sea elocuente, pero ¿quién puede dudar de que aquel muchachito había entendido la lección.

Ojo: el maestro debe tener mucho cuidado de no desanimar a un alumno rechazando su respuesta que pudiera ser imperfecta o incompleta, pero debe con tacto darle crédito y corregirla. Si el alumno comete algunos errores cuando contesta, es mejor dejarle que continúe sin interrupción, porque el propósito principal al hacer una pregunta no es solamente para recibir una respuesta exacta, sino para enseñar al alumno a expresarse por sí mismo y a comprender la verdad. Y aun si la respuesta es errónea logra un servicio importante: ayuda al maestro a corregir algún concepto equivocado en la mente del alumno.

IV. Enfatice las verdades importantes.

Al alumno no debe preguntarse tocante a detalles menores o no esenciales. "Hacer una pregunta es poner énfasis en la cosa preguntada — escribe el doctor Weigle —, porque llega a ser el centro del pensamiento por el momento. Se impresiona en la mente del alumno y adquiere dignidad e importancia a la vista de él. Por ejemplo, si el maestro pregunta: Cuando el Señor Jesús dijo que debemos entrar en el aposento, ¿se refería al dormitorio o a una sala cualquiera?, y perdiera cinco minutos o más discutiendo el asunto, estará malgastando demasiado tiempo en detalles menores; porque el punto importante de la lección no es el lugar, sino la manera de orar."

La pregunta y la respuesta deben formar las dos partes importantes de la verdad que vale recordar. Por ejemplo, el maestro pregunta: "Mientras Pedro observó con reflexión al joven rico retirarse, ¿qué pregunta hizo?" (Mateo 19:27-29).

El alumno razonará como sigue: "¿Qué tiene que ver el joven rico con la pregunta de Pedro? ¡Ya veo! Pedro estaba comparándose con este joven rico que había rehusado abandonarlo todo por Cristo, y por eso preguntó: "Nosotros hemos dejado todas las cosas, y te hemos seguido; ¿qué recibiremos?"

Tomemos otro ejemplo: "¿Qué hizo Jesús cuando percibió que los apóstoles no practicarían el deber hospitalario de lavarse los pies unos a otros?" El alumno se dirá a sí mismo: "Bueno, veo una nueva luz en ese tema. Cada uno pensó que se rebajaría demasiado al lavarle los pies a su hermano, entonces el líder mismo se humilló e hizo que se avergonzaran."

Los anteriores son ejemplos de preguntas que enseñan y que resultan de la combinación de una pregunta buena y de una respuesta buena.

V. Mantenga ocupada a la clase.

Al hacer preguntas se debe tener presente a la clase entera, más bien que a algún individuo. El propósito del maestro debe ser retener a todos interesados y ocupados. Tocante a esto las siguientes sugerencias tal vez serán provechosas.

Evite la preferencia. Un maestro de experiencia nos dice: "Hay ciertos sabelotodos que están deseosos de hacer alardes contestando cada pregunta que el maestro hace. Esto no se debe permitir. Hay aquellos que pueden contestar solamente las preguntas más sencillas. Haga las preguntas sencillas, especialmente al principio, y haga las preguntas más difíciles a los alumnos más adelantados. Es bastante malo demostrar favoritismo en la contestación de preguntas; malo para los que contestan y malo para los que no se sienten responsables de responder."

Evite repetir la pregunta en beneficio de un alumno desatento. No conviene que el tiempo de la clase se pierda por causa de un alumno negligente. Si el maestro se dirige pronto a algún otro alumno, será un moderado regaño y recordatorio al alumno desatento.

Pregunte al mismo alumno más de una vez. Esto evitará que el alumno piense que después de contestar una pregunta su tarea en la clase está hecha.

Vuelva a preguntar al alumno que no contesta. Si el motivo de no contestar es debido al descuido de no estudiar, le recordará su responsabilidad; si es debido a la falta de capacidad, entonces la paciencia del maestro será un estímulo para él.

Dirija la pregunta a toda la clase. Si el maestro dice: "Juan López, quiero que contestes esta pregunta", los demás alumnos se dirán a sí mismos: "Bueno, es la pregunta de Juan", y le dejarán a él todo el trabajo. Para obtener la atención de toda la clase, antes de hacer una pregunta, uno pudiera decir: "Escuchen atentamente, porque tengo una pregunta importante para ustedes." Habiendo despertado su interés y hecho la pregunta, el maestro puede escoger a un alumno y decir: "Bien, Santiago, puedes contestar la pregunta."

¿Por qué escoger a Santiago? Porque él es el muchacho que menos atiende a la lección. Si él se da cuenta que su falta de atención está encendiendo fuego en la forma de una pregunta, es muy probable que preste atención para evitar el "desprestigio" ante toda la clase.

34/40 B 3-8-93

36/43 B 4-19-93

5-3-93